mini-manuel de l'expertise comptable

Claude PENHOAT

Droit des sociétés

3e édition

DECF épreuve n°1

AENGDE

Claude PENHOAT
est Expert-comptable, Commissaire aux comptes,
Professeur d'enseignement supérieur
et membre du jury de l'Expertise comptable.

ISBN 2–84090–073–4

Sommaire

Chapitre 1

Structure générale des sociétés commerciales
(SNC, SCS, SARL, SA, SCA, SAS)

+ NRE → créat° possible de SELAS.

1 SNC, SCS, SARL

Gérant (1)

↑

Associés (2)

• Société en nom collectif (SNC)	
(1) Tous les associés sont gérants, sauf clauses statuaires contraires. Le gérant peut être une personne morale.	(2) Les associés ont la qualité de commerçant, ils répondent indéfiniment et solidairement des dettes sociales.
• Société en commandité simple (SCS)	
(1) Les commanditaires ne peuvent faire aucun acte de gestion externe. Par conséquent, ils ne peuvent être désignés gérants. Le gérant peut être une personne morale.	(2) Les associés commanditaires ne répondent des dettes sociales qu'à concurrence du montant de leur apport. Les associés commandités ont le même statut que les associés en nom (voir SNC).
• Société à responsabilité limitée (SARL)	
(1) Le gérant est statutaire ou non, associé ou pas. Il est obligatoirement une personne physique.	(2) Les associés ne supportent les pertes sociales qu'à concurrence du montant de leur apport.

2 Société anonyme (SA)

<table>
<tr><th>SA « classique »</th><th>SA régie par les articles L. 118 à 150
(SA à directoire)</th></tr>
<tr><td>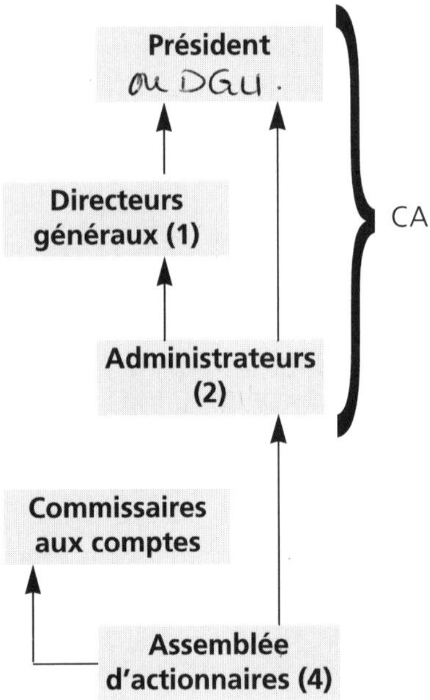
</td><td>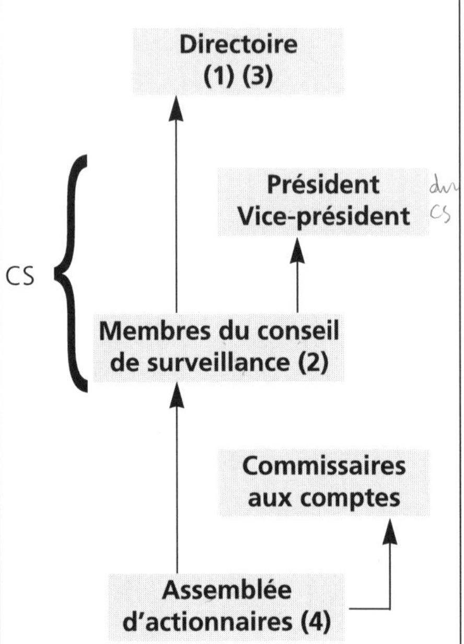
</td></tr>
<tr><td>(1) Nommés par le CA sur proposition du président.
(2) Les administrateurs sont désignés en principe par l'assemblée des actionnaires (*).</td><td>(1) Le conseil de surveillance confie à l'un des membres du directoire la qualité de président.
(2) Les membres du conseil de surveillance sont en principe désignés par l'assemblée des actionnaires (*).
(3) Dans une même société, il y a incompatibilité entre les fonctions de membre du conseil de surveillance et de membre du directoire.</td></tr>
<tr><td colspan="2">(4) Les actionnaires ne supportent les pertes sociales qu'à concurrence du montant de leur apport.</td></tr>
<tr><td colspan="2">(*) Existence d'exceptions :
- désignation provisoire par le CA ou le CS (cooptation),
- désignation par les salariés (ordonnance du 21 octobre 1986).</td></tr>
</table>

3 Société en commandite par actions (SCA)

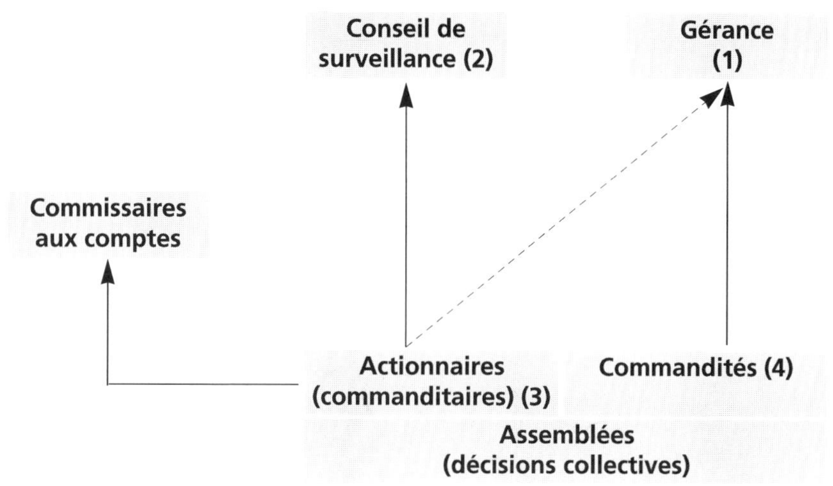

(1) Le plus souvent, les statuts attribuent compétence aux commandités pour désigner et révoquer les gérants.

Il y a un ou plusieurs gérants, associés commandités ou étrangers à la société, personnes physiques ou personnes morales.

(2) Le conseil de surveillance est composé d'au moins trois actionnaires (qui ne peuvent pas être commandités).

(3) Les droits des commanditaires sont représentés par des actions (titres négociables).

(4) Les droits des commandités sont représentés par des parts d'intérêts (titres non négociables).

Avantages de la SCA

- Cette forme juridique permet de dissocier « capital » et « management ». Si les statuts prévoient que les gérants ne sont nommés et révoqués que par les seuls associés commandités, il y a une quasi-irrévocabilité de la gérance.
- Il est possible d'ouvrir le capital à l'épargne publique, tout en conservant la direction et la gestion de l'entreprise.
- La société en commandite par actions constitue une arme efficace contre les OPA.

4 Société par actions simplifiée (SAS)

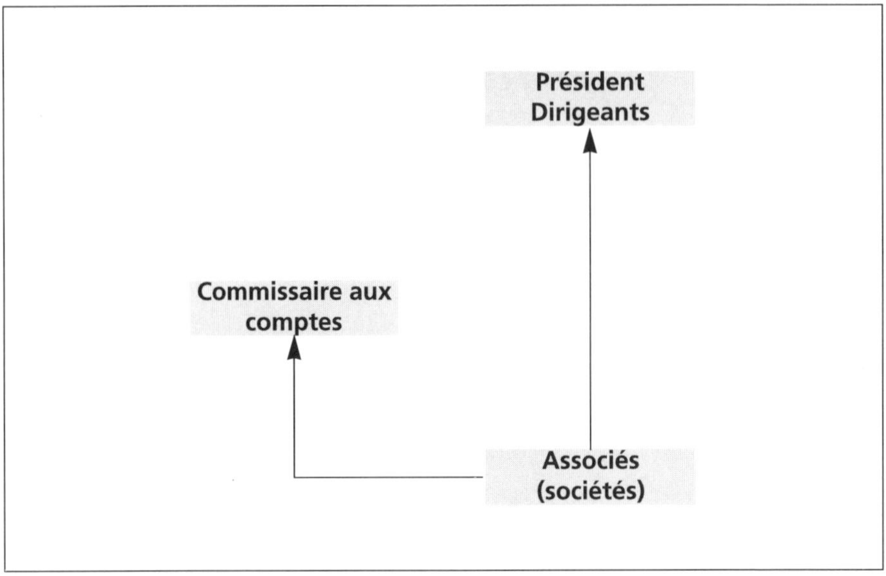

La loi du 3 janvier 1994 a institué la SAS. C'est un instrument de coopération entre sociétés d'une certaine importance. Elle présente les caractéristiques suivantes.

Société par actions	Société de sociétés	Société fermée	Souplesse de fonctionnement
Capital divisé en actions (les associés ne supportent les pertes qu'à concurrence du montant de leur apport). Capital minimum : 250 000 francs, intégralement libéré (art. L. 262 2). Possibilités d'émettre des valeurs mobilières.	Constituée entre deux ou plusieurs sociétés ou établissements publics (art. L. 262-1). Société au capital entièrement libéré. Société au capital au moins égal à 1 500 000 francs.	*Intuitu personæ* très prononcé. Existence de mécanismes propres à préserver l'actionnariat et le contrôle de la société de toute évolution indésirable (art. L. 262-14 à L. 262-19). Interdiction de faire appel public à l'épargne (art. L. 262-3).	Les dispositions de la SA sont applicables. Toutefois, sont écartés du régime de la société par actions simplifiée : les articles L. 89 à 177-1 (administration, direction, assemblée de SA). Conditions de direction fixées par les statuts (désignation obligatoire d'un président).

Chapitre 2

Généralités sur les sociétés commerciales

1 Caractéristiques

	SNC	SCS	SARL	SA	SCA
CAPITAL (minimum légal)	Aucun minimum.	Aucun minimum.	Minimum 50 000 F (voir § 2)	SA APE (*) 1 500000 F. Autres SA 250 000 F.	Voir SA.
ASSOCIÉS Nombre	Minimum 2 (Pas de limitation du maximum).	Minimum 2: 1 commandité, 1 commanditaire.	Minimum 1, Maximum 50 (2).	Minimum 7 (2) (Pas de limitation du maximum).	Minimum 4 : 1 commandité, 3 commanditaires (actionnaires).
Respon-sabilité	Répondent indéfiniment et solidairement des dettes sociales.	Commandités : voir associé SNC, Commanditaire: ne répondent des dettes qu'à concurrence du montant de leur apport.	Ne supportent les pertes qu'à concurrence du montant de leur apport.	Ne supportent les pertes qu'à concurrence du montant de leur apport.	Voir SA pour les commanditaires, Voir SCS pour les commandités.
TYPES D'APPORTS (§ 2)	Industrie Numéraire Nature.	Voir SNC. Mais les commanditaires ne peuvent effectuer des apports en industrie.	Apport en numéraire. Apport en nature. Les apports en industrie ne sont possibles que sous des conditions très strictes. fixés ds le statuts	Apport en industrie interdit. Apport en numéraire. Apport en nature.	Voir SA pour les commanditaires Voir SCS pour les commandités.
	En cas d'apport de biens communs, possibilité pour le conjoint de revendiquer la qualité d'associé (1).				

NB = ttes les stés de K° => Apport Ind interdit.

	SNC	SCS	SARL	SA	SCA
CESSION DES DROITS SOCIAUX	Unanimité des associés.	Voir SNC. Mais assouplissements statuaires possibles sous certaines conditions.	Cessions de parts à des tiers étrangers : strictement réglementées.	En principe libre (clause d'agrément possible).	Libre pour les actionnaires (clauses d'agrément possible).
DÉSIGNATION DE LA SOCIÉTÉ	Dénomination sociale.	Dénomination sociale.	Dénomination sociale.	Dénomination sociale.	Dénomination sociale.
ORGANES SOCIAUX	Gérance.	Gérance.	Gérance.	Président du CA, Conseil d'administration Directoire, Conseil de surveillance (**).	Gérance, Conseil de surveillance.
	Pour toutes modifications aux organes de gestion, d'administration, de direction, de contrôle, de surveillance : publicité (§ 3).				
CONTRÔLE Commissaire aux comptes	Obligatoire sous certaines conditions (voir chapitre 24)			Toujours obligatoire.	
Commissaire aux apports	Non obligatoire.		Obligatoire sauf à la constitution sous certaines conditions (voir chapitre 25).	Obligatoire.	
Expertise de gestion	Non prévu.		Possible (voir chapitre 13).	Possible (voir chapitre 13)	
FINANCEMENT	Possibilités financières très réduites (interdiction d'émettre des valeurs mobilières, interdiction de faire publiquement appel à l'épargne).			Facilités de financement (société de capitaux).	

(*) APE : Appel public à l'épargne.
(**) SA régie par les articles L. 118 à150 (SA à directoire).

Les sociétés commerciales sont régies par deux textes essentiels :
– la loi du 24 juillet 1966 (L.) ;
– le décret du 23 mars 1967 (D.).

- **Observation**

Les caractéristiques de la SAS ont été exposées dans le chapitre 1.

2 Examen de points spécifiques

A. Capital minimum de la SARL

La loi du 1er mars 1984 relative à la prévention des difficultés des entreprises a porté le capital minimum à 50 000 F.

Les SARL constituées avant le 1er mars 1985 avaient jusqu'au 31 décembre 1991 pour régulariser leur situation.

B. Apports

1) Apports en industrie

a) Généralités

Il y a apport en industrie lorsqu'un associé met à la disposition de la société ses connaissances techniques, son travail, ses services.

Les apports en industrie ne concourent jamais à la formation du capital (art. 1843-2 du Code civil).

b) Apports en industrie dans la SARL

La loi autorise (art. L. 38, al. 2) l'attribution de parts sociales en rémunération d'apports en industrie lorsque les conditions suivantes sont réunies :

- 1° l'objet de la société doit porter sur l'exploitation d'un fonds de commerce ou d'une entreprise artisanale, ce qui exclut notamment les sociétés exerçant une activité agricole ou libérale ;
- 2° ce fonds de commerce ou cette entreprise artisanale doivent avoir été apportés à la société ou créés par elle à partir d'éléments corporels ou incorporels qui lui ont été apportés en nature ;
- 3° seul l'apporteur en nature ou son conjoint peut faire apport de son industrie ;
- 4° l'activité apportée doit être en relation directe avec la réalisation de l'objet social.

2) Apports en numéraire : libération (contraintes légales)

SNC et SCS	Aucune exigence particulière.
SARL	Les parts sociales doivent être intégralement libérées.
SA et SCA	À la constitution, les actions doivent être libérées au minimum de la moitié de la valeur nominale à la souscription (*). Lors d'une augmentation de capital, les actions doivent être libérées au minimum du quart de la valeur nominale à la souscription et la totalité de la prime d'émission (**).
SAS	Le capital doit être intégralement libéré

(*) Le reste doit être libéré dans les cinq ans qui suivent l'immatriculation au RCS.

(**) Le reste doit être libéré dans les cinq ans qui suivent l'établissement du certificat du dépositaire.

3 Modifications des organes sociaux

Toutes modifications aux organes de gestion, de direction, d'administration, de surveillance, de contrôle telles que la nomination des gérants, administrateurs, directeurs généraux, présidents, membres du directoire, membres du conseil de surveillance, commissaires aux comptes (comme la cessation de leurs fonctions) doivent faire l'objet des mesures de publicité suivantes :

- insertion dans un journal d'annonces légales du lieu du siège social ;
- dépôt au greffe du tribunal de commerce notamment de deux copies des actes, décisions ou délibérations de nomination ou de ceux constatant la cessation des fonctions ;
- inscription au registre du commerce et des sociétés ;
- insertion au bulletin officiel des annonces civiles et commerciales (BODACC).

Cette insertion est publiée à la diligence du greffier du tribunal de commerce.

NOTES

(1) Revendication de la qualité d'associé en cas d'apport de biens dépendant de la communauté.

Art. 1832-2 du Code civil - « *Un époux ne peut, sous la sanction prévue à l'article 1427, employer des biens communs pour faire un apport à une société ou acquérir des parts sociales non négociables sans que son conjoint en ait été averti et sans qu'il en soit justifié dans l'acte. La qualité d'associé est reconnue à celui des époux qui fait l'apport ou réalise l'acquisition.*

La qualité d'associé est également reconnue, pour la moitié des parts souscrites ou acquises, au conjoint qui a notifié à la société son intention d'être personnellement associé. Lorsqu'il notifie son intention lors de l'apport ou de l'acquisition, l'acceptation ou l'agrément des associés vaut pour les deux époux. Si cette notification est postérieure à l'apport ou à l'acquisition, les clauses d'agrément prévues à cet effet par les statuts sont opposables au conjoint ; lors de la délibération sur l'agrément, l'époux associé ne participe pas au vote et ses parts ne sont pas prises en compte pour le calcul du quorum et de la majorité.

Les dispositions du présent article ne sont applicables que dans les sociétés dont les parts ne sont pas négociables et seulement jusqu'à la dissolution de la communauté ».

- Observations

- *Les dispositions qui précèdent ne sont pas applicables aux sociétés par actions (SA et SCA, SAS).*
- *La sanction du non-respect de l'article 1832-2 du Code civil est celle prévue par l'article 1427 du Code civil, à savoir la possibilité pour le conjoint de demander l'annulation de l'acte, sauf ratification de sa part. L'action en nullité est ouverte pendant deux ans à partir du jour où le conjoint a eu connaissance de l'acte. Elle ne peut jamais être intentée plus de deux ans après la dissolution de la communauté.*
- *Dans certains cas, l'information du conjoint n'est pas suffisante ; il faut aussi son consentement, qu'elle que soit la forme de la société (exemple : apport d'un fonds de commerce).*

(2) Nombre d'associés, nombre d'actionnaires.

SARL : nombre d'associés supérieur à 50 : la situation doit être régularisée dans le délai de deux ans ; à défaut, la société est dissoute.

SA : nombre d'actionnaires inférieur à 7 : la situation doit être régularisée dans le délai d'un an. Le tribunal peut accorder un délai supplémentaire de six mois. Le tribunal ne peut prononcer la dissolution si, le jour où il statue sur le fond, cette régularisation a eu lieu.

Chapitre 3

Actes accomplis pour une société en formation Constitution

Le sort des actes accomplis au nom d'une société en formation est régi par :

- l'article 1843 du Code civil et l'article 6 du décret du 3 juillet 1978 applicables à toutes les sociétés ;
- l'article 5 de la loi de 1966 applicable aux sociétés commerciales ;
- les articles 26, 67 et 74 du décret du 23 mars 1967 pour les SARL et les sociétés par actions.

En principe, les personnes qui agissent pour le compte d'une société en formation sont tenues sur le plan civil des actes accomplis à moins que la société ne reprenne, après immatriculation, lesdits engagements (voir § 1).

Toutefois, il est envisagé deux procédures qui permettront une reprise automatique des actes du seul fait de l'immatriculation, en distinguant deux catégories d'engagements, suivant la date à laquelle ils ont été souscrits (voir § 2).

1 Principe

Aux termes de l'article 1843 du Code civil :

« *Les personnes qui ont agi au nom d'une société en formation avant l'immatriculation sont tenues des obligations nées des actes ainsi accomplis, avec solidarité si la société est commerciale, sans solidarité dans les autres cas.*

La société régulièrement immatriculée peut reprendre les engagements souscrits qui sont alors réputés avoir été, dès l'origine, contractés par celles-ci ».

A. Décision de reprise

La décision de reprise postérieure à l'immatriculation est effectuée, sauf clause contraire des statuts, à la majorité des associés (article 6, al. 4 du décret 78-704 du 3 juillet 1978). À s'en tenir à l'article 6, la ratification doit résulter d'une décision spéciale des associés. Néanmoins, il a été jugé qu'en approuvant à l'unanimité les comptes du premier exercice social après l'immatriculation de la société, et par conséquent, les opérations traduites par ces comptes, les associés avaient « *implicitement mais nécessairement repris les engagements souscrits par les fondateurs* » (Paris, 16 juin 1980).

On précisera également que la preuve de la reprise des actes passés pour le compte de la société en formation incombe à celui qui l'invoque (Cass. soc. 18 décembre 1979).

B. Effets de la reprise

L'acte est censé avoir été souscrit dès l'origine par la société. Les personnes ayant passé ces actes sont alors libérées sauf engagement personnel de leur part à l'égard du cocontractant. La reprise par la société des engagements pris pour son compte entraîne corrélativement validation des garanties qui auraient pu être données par des tiers pour ces engagements.

C. Refus de reprise par la société

Les actes restent à la charge de ceux qui les ont conclus. Ils sont d'ailleurs également à la charge de ceux qui ont donné mandat de les passer.

2 Procédure permettant une reprise automatique des actes du seul fait de l'immatriculation

Les articles 26, 67 et 74 du décret du 23 mars pour les SARL et les sociétés par actions, et l'article 6 du décret du 3 juillet 1978 pour les autres sociétés, distinguent :

- les actes antérieurs à la signature des statuts,
- les actes postérieurs à la signature des statuts, mais antérieurs à l'immatriculation.

A. Actes antérieurs à la signature des statuts

L'état des actes accomplis pour le compte de la société en formation, avec l'indication, pour chacun d'eux, de l'engagement qui en résulterait pour la société, est présenté aux associés avant la signature des statuts. Cet état est annexé aux statuts dont la signature emportera reprise des engagements par la société lorsque celle-ci aura été immatriculée au registre du commerce et des sociétés.

• Observation

Pour les SA faisant appel public à l'épargne, les actes accomplis pour le compte d'une société en formation sont soumis à l'assemblée générale constitutive, après qu'aient été désignés les premiers membres du conseil d'administration ou du conseil de surveillance et les premiers commissaires aux comptes.

Le rapport des fondateurs considère chacun de ces actes et indique l'engagement qui en résulterait pour la société (il doit être déposé huit jours avant l'assemblée générale constitutive).

B. Actes postérieurs à la signature des statuts, avant l'immatriculation au RCS

Les associés peuvent, dans les statuts ou par acte séparé, donner mandat à l'un ou plusieurs d'entre eux, ou au gérant non associé qui a été désigné, de prendre des engagements pour le compte de la société, sous réserve qu'ils soient déterminés et que leurs modalités soient précisées par le mandat. L'immatriculation de la société au registre du commerce et des sociétés emportera reprise de ces engagements par ladite société.

• **Observation**

Pour les SA faisant appel public à l'épargne, l'assemblée générale constitutive peut donner mandat à une ou plusieurs des personnes désignées en qualité de premier membre du conseil d'administration ou du conseil de surveillance de prendre des engagements pour le compte de la société, sous réserve qu'ils soient déterminés et que leurs modalités soient précisées par le mandat. L'immatriculation de la société au registre du commerce et des sociétés emportera reprise de ces engagements par ladite société.

3 Étapes essentielles de la constitution (SARL, SA)

SA avec appel public à l'épargne	SARL et SA sans appel public à l'épargne
1. Établissement du projet des statuts (signé par un ou plusieurs fondateurs).	1. Établissement du projet des statuts.
2. Dépôt du projet des statuts au greffe.	2. Néant.
3. Publication d'une notice au BALO.	3. Néant.
4. Souscription intégrale du capital : (établissement de bulletins de souscription).	4. Souscription intégrale du capital : (les bulletins de souscription ne sont pas obligatoires).
5. Libération.	5. Libération.
6. Dépôt des fonds.	6. Dépôt des fonds.
7. Certificat du dépositaire.	7. Certificat du dépositaire (SA).
8. Assemblée générale constitutive (*).	8. Signature des statuts (*).
9. Désignation des organes de gestion et de direction.	
10. Enregistrement, insertion, dépôt d'actes au greffe.	
11. Immatriculation au RCS.	
12. Insertion au BODACC à la diligence du greffier.	
– Date de constitution : signature des statuts, assemblée générale constitutive. – Date de jouissance de la personnalité morale : immatriculation au RCS.	

• **Observation : retard dans la constitution**

Tout souscripteur peut demander au tribunal restitution des sommes versées si la société n'est pas constituée dans un délai de six mois à compter :
– du dépôt des fonds (SARL, SA sans appel public à l'épargne) ;
– du dépôt au greffe du projet des statuts (SA avec appel public à l'épargne).

(*) Les premiers administrateurs, membres du conseil de surveillance, commissaires aux comptes sont désignés par l'assemblée générale constitutive.

Les premiers gérants sont désignés dans les statuts ou par actes postérieurs.

Chapitre 4
SNC - SCS(*)
statut des gérants

1 Nomination

A. Modalités de nomination

Tous les associés sont gérants, sauf stipulation contraire des statuts qui peuvent désigner un ou plusieurs gérants, associés ou non, ou en prévoir la désignation par un acte ultérieur (art. L. 12).

Le gérant peut être une personne morale (1).

B. Principales conditions requises pour être désigné gérant

- Avoir la capacité juridique de tout mandataire. Si le gérant est associé, il doit avoir la capacité juridique de faire le commerce.
- Ne pas être frappé d'interdictions, de déchéances, d'incompatibilités (voir gérant de SARL, chapitre 5).
- Certaines professions sont incompatibles avec les fonctions de gérant de SNC, d'autres sont réglementées.

• **Observation**

La loi ne prévoit aucune disposition particulière concernant :
– les limites d'âge ;
– les cumuls de mandats.

2 Révocation

Les conditions de la révocation sont définies à l'article L. 18 qui établit une distinction suivant que les gérants sont associés ou non, statutaires ou pas.

(*) La société en commandite simple (SCS) est traitée à la fin de ce chapitre.

1e hypothèse : **les gérants sont associés**
Trois cas : ***1er cas - Tous les associés sont gérants*** • La révocation de l'un deux de ses fonctions ne peut être décidée qu'à l'unanimité des autres associés. • Elle entraîne la dissolution de la société, à moins que sa continuation ne soit prévue par les statuts ou que les autres associés ne la décident à l'unanimité. • Le gérant révoqué peut alors décider de se retirer de la société en demandant le remboursement de ses droits sociaux dont la valeur est déterminée conformément à l'article 1843-4 du Code civil. Toute clause contraire à l'article 1843-4 est réputée non écrite (*). ***2e cas - Révocation d'un gérant associé statutaire*** • Les conditions de révocation sont identiques à celles énoncées précédemment et emportent les mêmes conséquences. ***3e cas - Révocation d'un gérant associé non statutaire*** • Ils sont révocables dans les conditions prévues aux statuts. À défaut, ils sont révocables à l'unanimité des autres associés. Cette révocation n'entraîne ni la dissolution, ni la possibilité pour l'intéressé d'exiger son retrait.
2e hypothèse : **révocation des gérants non-associés statutaires ou non**
La révocation intervient dans les conditions prévues aux statuts. À défaut, le gérant est révocable à la majorité ; (il semble que ladite majorité se calcule par tête).

- Observations

– Si la révocation est décidée sans juste motif, elle peut donner lieu à des dommages et intérêts (art. L. 18).

– Bien que la loi ne le prévoit pas expressément, le gérant est également révocable par décision de justice pour cause légitime à la demande de tout associé.

3 Pouvoirs

La loi distingue les pouvoirs :

– dans les rapports entre associés (art. L. 13) ;

– dans les rapports avec les tiers (art. L. 14).

Dans les rapports entre associés	Dans les rapports avec les tiers
Dans les rapports entre associés, et en l'absence de la détermination de ses pouvoirs par les statuts, le gérant peut faire tous actes de gestion dans l'intérêt de la société. En cas de pluralité de gérants, ceux-ci détiennent séparément les pouvoirs prévus à l'alinéa précédent, sauf le droit pour chacun de s'opposer à toute opération avant qu'elle soit conclue.	Dans les rapports avec les tiers, le gérant engage la société par les actes entrant dans l'objet social. En cas de pluralité de gérants, ceux-ci détiennent séparément les pouvoirs prévus à l'alinéa précédent. L'opposition formée par un gérant aux actes d'un autre gérant est sans effet à l'égard des tiers, à moins qu'il ne soit établi qu'ils en ont eu connaissance. Les clauses statutaires limitant les pouvoirs des gérants qui résultent du présent article sont inopposables aux tiers.

- **Observations : décisions collectives des associés (art. L. 15) (2)**

– *Les décisions qui excèdent les pouvoirs reconnus aux gérants sont prises à l'unanimité des associés. Toutefois, les statuts peuvent prévoir que certaines décisions sont prises à une majorité qu'ils fixent.*

– *Les statuts peuvent également prévoir que les décisions sont prises par voie de consultation écrite, si la réunion d'une assemblée n'est pas demandée par l'un des associés.*

4 Responsabilité civile

Le gérant est responsable pour le préjudice qu'il a causé :

– à l'égard des tiers ;

– à l'égard de la société (action sociale) ;

– à l'égard des associés.

5 Rémunération et cumul avec un contrat de travail

Les statuts peuvent soit préciser le mode de calcul de cette rémunération, soit en laisser le soin à une décision collective des associés prise à la majorité qu'ils déterminent.

Le gérant non associé peut être lié par un contrat de travail.

6 Société en commandite simple (SCS)

La gérance est exercée selon les mêmes règles que celles examinées à propos de la société en nom collectif.

Toutefois, l'associé commanditaire ne peut faire aucun acte de gestion externe (art. L. 28, al. 1) (3).

Les avis et conseils, les actes de contrôle et de surveillance de l'associé commanditaire ne constituent pas des actes de gestion externe (art. D. 18).

NOTES

(1) Si une personne morale est gérante, ses dirigeants sont soumis aux mêmes conditions et obligations et encourent les mêmes responsabilités civile et pénale que s'ils étaient gérants en leur nom propre, sans préjudice de la responsabilité solidaire de la personne morale qu'ils dirigent (art. L. 12).

(2) Régime des décisions collectives

Dans la SNC

• *Principe* (art. L. 15)

Les conditions de majorité sont déterminées par les statuts. À défaut, les décisions sont prises à l'unanimité des associés.

• ***Décisions devant obligatoirement être prises à l'unanimité des associés :***

- la révocation d'un gérant associé lorsque tous les associés sont gérants ou lorsque le gérant associé révoqué était désigné dans les statuts (art. L. 18) ;
- la continuation de la société malgré la révocation de ce gérant (art. L. 18) ;
- la continuation de la société malgré la faillite, l'interdiction d'exercer une profession commerciale ou l'incapacité frappant l'un des associés (art. L. 21) ;
- changement de nationalité ;
- augmentation de l'engagement des associés (art. 1836 du Code civil).

Dans la SCS

• ***Décisions modifiant les statuts*** (art. L 31) :

- les décisions nécessitant le consentement de tous les commandités et de la majorité en nombre et en capital des commanditaires ;
- les clauses statutaires édictant des conditions plus strictes sont réputées non écrites. Les décisions suivantes doivent être prises obligatoirement à l'unanimité :
- changement de nationalité (art L. 31) ;
- transformation de la SCS en SNC ;
- augmentation de l'engagement des associés (art. 1836 du code civil).

• ***Autres décisions*** (art. L. 27)

Les décisions sont prises dans les conditions prévues des statuts.

(3) Sanctions

En cas de contravention à cette prohibition, l'associé commanditaire est tenu solidairement avec les associés commandités des dettes et engagements de la société qui résultent des actes prohibés. Suivant le nombre ou l'importance de ceux-ci, il peut être déclaré solidairement obligé pour tous les engagements de la société ou pour quelques-uns seulement (art. L. 28, al. 2).

Chapitre 5

SARL : statut des gérants

1 Nomination

A. Modalités de nomination (art. L. 49)

Les gérants sont nommés par les associés dans les statuts (gérant statutaire) ou par acte postérieur (gérant non statutaire) dans les conditions prévues par l'article L. 59, al. 1 (décision des associés représentant plus de la moitié des parts sociales).

En l'absence des dispositions statutaires, les gérants sont nommés pour la durée de la société.

B. Principales conditions requises pour être désigné gérant

– Avoir la capacité juridique de tout mandataire.

– Être obligatoirement une personne physique, associé ou non.

Art. L. 49, al. 1 – « La société à responsabilité limitée est gérée par une ou plusieurs personnes physiques. Les gérants peuvent être choisis en dehors des associés ».

– Ne pas être frappé d'interdictions, de déchéances, d'incompatibilités (1).

– Certaines professions sont incompatibles avec les fonctions de gérant de SARL, d'autres sont réglementées.

- **Observation**

  La loi ne prévoit aucune disposition particulière concernant :

  – les limites d'âge ;

  – les cumuls de mandats.

2 Révocation

Le gérant de SARL est révocable selon deux modalités (art. L. 55) :

– révocation par décision des associés (al. 1) ;

– révocation par voie judiciaire (al. 2).

Révocation par les associés
1) Principe (art. L. 55, al. 1) Le gérant est révocable par décision des associés représentant plus de la moitié des parts sociales. Toute clause contraire est réputée non écrite. Si la révocation est décidée sans juste motif, elle peut donner lieu à des dommages et intérêts. ***2) Commentaires*** • Il n'est pas possible de prévoir une majorité «plus forte« ou «plus faible». • Le gérant statutaire est révocable dans les conditions définies à l'article L. 55, alinéa 1 et non par décision des associés représentant les trois quarts des parts sociales. • La révocation ne caractérise pas une convention réglementée ; si le gérant est associé, il prend part au vote. • La Cour de cassation n'exige pas expressément que la révocation du gérant figure à l'ordre du jour. • Le juste motif de révocation n'est pas nécessairement lié à l'existence d'une faute du gérant. La jurisprudence prend en considération les intérêts fondamentaux de la société.
Révocation par décision de justice
1) Principe (art. L. 55, al. 2) Le gérant est révocable par les tribunaux pour cause légitime à la demande de tout associé. ***2) Commentaires*** L'action est ouverte à tout associé quelle que soit la quotité des parts sociales qu'il représente.

• Observation

Contrairement à la révocation du gérant de SNC, la loi pour la SARL ne fait aucune distinction selon que le gérant est statutaire ou pas, associé ou non.

3 Pouvoirs

Dans les rapports entre associés	Dans les rapports avec les tiers
1) Gérant unique • Les pouvoirs du gérant sont définis dans les statuts. • Si les statuts ne contiennent pas de clauses déterminant les pouvoirs du gérant, celui-ci peut accomplir tout acte de gestion dans l'intérêt de la société. ***2) Pluralité des gérants*** Lorsqu'il existe plusieurs gérants et que les statuts n'ont pas déterminé leurs fonctions respectives ni précisé qu'ils doivent agir conjointement, chacun peut agir séparément, sauf pour les autres à s'opposer à toute opération non encore conclue.	***1) Gérant unique*** • Le gérant est investi des pouvoirs les plus étendus pour agir au nom de la société, sous réserve des pouvoirs que la loi attribue expressément aux associés (*) (**). • La société est engagée même par les actes du gérant qui ne relèvent pas de l'objet social, à moins qu'elle ne prouve que le tiers savait que l'acte dépassait cet objet ou qu'il ne pouvait l'ignorer compte tenu des circonstances, étant exclu que la seule publication des statuts suffise à constituer cette preuve. • Les clauses statutaires limitant les pouvoirs des gérants sont inopposables aux tiers. ***2) Pluralité des gérants*** • Les gérants détiennent séparément les pouvoirs énoncés ci-dessus. • L'opposition formée par un gérant aux actes d'un autre gérant est sans effet à l'égard des tiers, à moins qu'il ne soit établi qu'ils en ont eu connaissance.
(*) Sont de la compétence exclusive des associés les principales décisions suivantes : – changement de nationalité ; – toutes autres modifications des statuts ; – approbation des comptes de l'exercice ; – nomination, révocation des gérants. (Régime des décisions collectives : voir chapitre 6).	(**)**Cas particulier : transfert du siège social** - Le transfert du siège social constitue une modification des statuts et, de ce fait, relève de la compétence exclusive des associés. Cependant, il semble que les statuts puissent autoriser par avance le gérant à transférer le siège social dans la même ville ou dans une aire géographiquement limitée et à modifier les statuts en conséquence.

• **Observation**

La loi réglemente, et dans certains cas interdit, certaines opérations réalisées entre la société et le gérant. De telles opérations, qualifiées de conventions réglementées ou de conventions interdites, font l'objet d'un examen au chapitre 11.

4 Responsabilité civile

Voir chapitre 14 : SA - SARL : responsabilité civile des mandataires sociaux.

5 Rémunération et cumul avec un contrat de travail

A. Détermination de la rémunération en qualité de gérant

La loi du 24 juillet 1966 ne contient aucune disposition relative à la rémunération du gérant. En conséquence, celle-ci peut être précisée dans les statuts ou fixée par une décision collective ordinaire des associés. Si la rémunération est normale, elle ne constitue pas une convention réglementée (2).

B. Cumul d'un mandat avec un contrat de travail

En l'absence de dispositions légales contraires, la jurisprudence admet ce cumul sous certaines conditions qui peuvent se résumer ainsi :

- **emploi effectif** : le contrat de travail correspond à un emploi effectif et n'a pas été conclu en vue de tourner les règles relatives à la révocation ;
- **dualité des fonctions** : il doit exister une nette distinction entre la gérance qui comporte la direction générale de la société et les fonctions techniques qui sont la conséquence du contrat spécialisé ;
- **lien de subordination** : l'intéressé doit être placé dans un état de subordination à l'égard de la société.

• Observations

- ***Gérant majoritaire*** *- Selon la Cour de cassation, le gérant majoritaire ne peut exercer une activité salariée au sein de la société.*
- ***Associé majoritaire, non-gérant*** *- Si la qualité d'associé majoritaire n'est pas exclusive de celle de salarié, c'est à la condition que l'intéressé, ne prenant aucune part, en droit et en fait, à la gestion de la société, exerce les fonctions dont il est investi dans un état de subordination (Cass. soc. 15 juin 1994).*
- ***Le contrat de travail*** *passé entre la société et le gérant constitue une convention réglementée (2).*

NOTES

(1) Interdictions, déchéances, incompatibilités

• *Incapacités et déchéances*

Les gérants de SARL ne doivent pas être frappés d'incapacités ou de déchéances résultant notamment :

- du décret loi du 8 août 1935 ;
- de la loi n° 47-1635 du 30 août 1947 relative à l'assainissement des professions commerciales et industrielles ;
- de la loi n° 85-98 du 25 janvier 1985 relative au redressement et à la liquidation judiciaires des entreprises.

• *Incompatibilités*

Pendant les cinq années qui suivent l'expiration de leurs fonctions, les commissaires aux comptes de SARL ne peuvent devenir gérants des sociétés qu'ils ont contrôlées, ni gérants, ni administrateurs, directeurs généraux, membres du directoire ou du conseil de surveillance des sociétés possédant 10 % du capital. La même interdiction est applicable aux associés, actionnaires ou dirigeants d'une société de commissaires aux comptes (art. L. 65) (*)

Étrangers.

En principe, les gérants de nationalité étrangère doivent être titulaires de la carte de commerçant étranger. Toutefois, de très nombreux ressortissants étrangers sont dispensés de cette carte (notamment les ressortissants de l'Union Européenne) ou peuvent se prévaloir d'accords spéciaux leur permettant de l'obtenir plus facilement.

(2) Incidences du contrat de travail et de la rémunération du gérant dans le domaine des conventions réglementées.

• *Rémunération en qualité de gérant*

Pour la Cour de cassation (30 mai 1989) : « La décision de l'assemblée des associés (...) accordant dans les conditions normales au gérant des gratifications (...) ne constitue pas une convention entrant dans les prévisions de l'article L. 50 «. En conséquence, le gérant en tant qu'associé, peut participer au vote. Encore faut-il que les conditions soient normales, à défaut l'article L. 50 (conventions réglementées) s'appliquerait (voir chapitre 11).

• *Contrat de travail*

Le contrat de travail passé entre la société et son gérant constitue une des conventions visées à l'article L. 50 (conventions réglementées, voir chapitre 12). Il doit donc être approuvé par la collectivité des associés. Le gérant, s'il est associé, ne peut pas participer au vote et ses parts ne sont pas prises en compte pour le calcul de la majorité.

Enfin, le rapport spécial du gérant ou du commissaire aux comptes, s'il en existe un, doit, chaque année, faire état des rémunérations versées au titre du contrat de travail.

(*)Art. L. 17-2 pour la SNC et la SCS.

Chapitre 6

SARL : décisions et droits des associés

1 Régime des décisions collectives

A. Modalités de consultation des associés : assemblée ou consultation écrite (art. L. 57)

La consultation écrite est possible si elle est prévue dans les statuts ; elle est néanmoins impossible dans deux cas :

– pour l'approbation annuelle des comptes (art. L. 56) ;

– lorsque la réunion est demandée :

• soit par un ou plusieurs associés détenant la moitié des parts sociales,

• soit par un ou plusieurs associés détenant le quart des parts sociales s'ils représentent au moins le quart des associés.

• Observation

La volonté de tous les associés peut être exprimée dans un acte (dans les mêmes conditions que la consultation écrite ; loi du 11 février 1994).

B. Vote, participation aux décisions, représentation (art. L. 58)

Chaque associé a droit de participer aux décisions et dispose d'un nombre de voix égal à celui des parts sociales qu'il possède (1 part = 1 voix). Un associé peut se faire représenter par son conjoint à moins que la société ne comprenne que les deux époux. Sauf si les associés sont au nombre de deux, un associé peut se faire représenter par un autre associé.

Il ne peut se faire représenter par une autre personne que si les statuts le permettent.

Un associé ne peut constituer un mandataire pour voter du chef d'une partie de ses parts et voter en personne du chef de l'autre partie.

C. Convocation des associés

La convocation est faite par lettre recommandée, au moins quinze jours avant l'assemblée soit par le gérant, soit, à défaut, par le commissaire aux comptes s'il en existe un, soit par un mandataire désigné, à la demande d'un associé, par ordonnance du président du tribunal de commerce statuant en référé.

D. Présidence de l'assemblée

L'assemblée est présidée par le gérant s'il est associé. À défaut, la présidence est assurée par l'associé qui possède et représente le plus grand nombre de parts sociales et qui accepte cette fonction.

E. Conditions de majorité

Il existe deux types de décisions collectives :

- les décisions collectives ordinaires (art. L. 59) ;
- les décisions collectives extraordinaires (art. L. 60). Ces décisions ont pour objet de modifier les statuts.

Décisions collectives ordinaires

(L. 59)

• ***Sur 1e consultation (al. 1)***

Les décisions sont adoptées par un ou plusieurs associés représentant plus de la moitié des parts sociales. Majorité absolue

• ***Sur 2e consultation (al. 2)***

Si cette majorité n'est pas obtenue, et sauf stipulation contraire des statuts, les associés sont, selon les cas, convoqués ou consultés une seconde fois et les décisions sont prises à la majorité des votes émis, quelle que soit la proportion des parts sociales représentées. Majorité simple

• *Observations*

– La révocation des gérants doit toujours être décidée à la majorité absolue (art. L. 55, al. 1).

– Lorsque les associés sont appelés à statuer sur une convention passée entre la société et l'un de ses associés, le calcul de la majorité est effectué par rapport à un nombre de parts déterminé après déduction des parts sociales possédées par l'intéressé, celui-ci ne pouvant pas participer au vote (art. L. 50, al. 1).

Décisions collectives extraordinaires

(L. 60)

Les décisions sont adoptées par les associés représentant au moins les trois quarts des parts sociales (toute clause exigeant une majorité plus élevée est réputée non écrite).

• Observation

La loi du 24 juillet 1966 a prévu des exceptions aux principes énoncés à l'article L. 60 :

– changement de nationalité : unanimité (art. L. 60) ;

– transformation en société en nom collectif ou en commandite simple : unanimité (art. L. 69, al. 1) ;

– augmentation de capital par incorporation de réserves ou de bénéfices décidée par les associés représentant au moins la moitié des parts sociales (art. L. 60) ;

– cession de parts à des tiers : majorité en nombre des associés représentant les trois quarts des parts sociales (art. L. 45, L. 46) ; -> MAJORITÉ DOUBLE

– transformation en société anonyme, lorsque le montant des capitaux propres au dernier bilan excède 5 millions de francs : à la majorité absolue (art. L. 69, al. 2).

2 Droits des associés

Droit de communication temporaire	Droit de communication permanent
1) Avant l'assemblée ordinaire annuelle (1) • Documents à adresser aux associés quinze jours au moins avant la date de la réunion de l'assemblée : - rapport de gestion (voir chapitre 27) ; - comptes annuels ; - textes des résolutions proposées ; - le cas échéant, rapport des commissaires aux comptes ; - le cas échéant, les comptes consolidés, le rapport sur la gestion du groupe et le rapport du commissaire aux comptes sur les comptes consolidés. • *Observations* - *À compter de cette communication, tout associé a le droit de poser par écrit des questions auxquelles le gérant est tenu de répondre au cours de l'assemblée.* - *Le rapport de gestion et l'inventaire sont soumis à l'approbation des associés réunis en assemblée dans le délai de six mois à compter de la clôture de l'exercice (art. L. 50).* - *Dans le mois qui suit l'approbation des comptes annuels, ceux-ci, notamment, doivent être déposés au greffe (voir chapitre 13, renvoi 2).* - *Documents à tenir à la disposition des associés, au siège social, pendant le délai de quinze jours qui précède l'assemblée :* • *inventaire (cette mise à disposition n'emporte pas le droit de prendre copie).* ***2) Autres assemblées*** Quinze jours au moins avant la date de toute assemblée autre que celle prévue au paragraphe précédent, les documents suivants doivent être adressés aux associés : – le texte des résolutions proposées ; – le rapport des gérants ; – et, les cas échéant, le rapport des commissaires aux comptes.	• **À toute époque**, tout associé a droit de prendre connaissance par lui-même et au siège social, des documents suivants concernant les trois derniers exercices soumis aux assemblées : - inventaire ; - comptes annuels ; - rapport de gestion, et le cas échéant, des commissaires aux comptes ; - procès-verbaux des assemblées. (Le droit de prendre connaissance emporte celui de prendre copie, sauf en ce qui concerne l'inventaire). • **Sanctions** : annulation éventuelle de l'assemblée qui suit le refus, amende de 60 000 F. • À toute époque, toute personne a le droit d'obtenir, au siège social, copie certifiée conforme des statuts, ainsi que la liste des gérants et le cas échéant, des commissaires en exercice.

Autres droits
• Droit de poser des questions écrites pour tout associé, tout au plus deux fois par exercice, au gérant, sur tout fait de nature à compromettre la continuité de l'exploitation (art. L. 64-1) (voir chapitre 26). • Droit de demander en justice, par un ou plusieurs associés représentant le dixième du capital : – la désignation d'un expert chargé d'examiner une ou plusieurs opérations de gestion (art. L. 64-2) (voir chapitre 13), – la désignation, la récusation, la révocation des commissaires aux comptes (voir fiche n° 25).

NOTES

(1) Distribution de bénéfices

• **Réserve légale** obligatoire dans la SARL et les sociétés par actions : 5 % du bénéfice, sous déduction des pertes antérieures. La dotation à la réserve légale cesse d'être obligatoire lorsqu'elle atteint le dixième du capital.

• **Acomptes sur dividendes** avant approbation des comptes de l'exercice (art. L. 347).

1) Organe compétent pour décider de la distribution

Le gérant, le conseil d'administration ou le directoire a qualité pour décider de répartir un acompte à valoir sur le dividende et pour fixer le montant et la date de la répartition (art. L. 347).

2) Conditions préalables à respecter

• Établissement d'un bilan au cours ou à la fin de l'exercice.

• Certification de ce bilan par un commissaire aux comptes.

• Existence d'un bénéfice distribuable calculé dans les conditions suivantes :

+ Bénéfice (après constitution des amortissements et provisions nécessaires)
– Réserve légale
– Réserves statuaires
– Pertes antérieures
+ Report bénéficiaire

• Le montant de ces acomptes ne peut excéder le bénéfice ainsi défini.

Chapitre 7
Cession de parts sociales (SNC, SCS, SARL)

Les parts sociales sont des titres non négociables. Elles sont cessibles sous des conditions d'autant plus strictes que la société repose sur l'intuitu personæ.

1 Conditions de fond

A. Dans la SNC (art. L. 19)

Les parts sociales ne peuvent être cédées qu'avec le consentement de tous les associés. Toute clause contraire est réputée non écrite.

B. Dans la SCS (art. L. 30)

En principe, l'unanimité des associés est nécessaire. Toutefois, les statuts peuvent stipuler :

- que les parts des associés commanditaires sont librement cessibles entre associés ;
- que les parts des associés commanditaires peuvent être cédées à des tiers étrangers à la société avec le consentement de tous les commandités et de la majorité en nombre et en capital des commanditaires ;
- qu'un associé commandité peut céder une partie de ses parts à un commanditaire ou à un tiers étranger à la société dans les conditions prévues au § 2.

C. Dans la SARL

1) Principe

La loi distingue les cas suivants : la cession entre vifs, la transmission pour cause de décès, la liquidation de communauté de biens entre époux, le nantissement des parts sociales.

Cession entre vifs
• **À des co-associés** : libre (toutefois, les statuts peuvent limiter la cessibilité). • **Au conjoint, ascendant ou descendant d'un associé** : libre (toutefois, les statuts peuvent soumettre l'intéressé à l'agrément des associés dans des conditions qu'ils prévoient). • **À un tiers étranger à la société** : agrément obligatoire dans les conditions de l'article L. 45 (majorité en nombre des associés représentant les trois quarts des parts sociales).

Transmission par voie de succession, de liquidation, de communauté de biens entre époux
En principe libre, toutefois les statuts peuvent stipuler que les héritiers ou le conjoint devront être agréés par les associés dans les conditions qu'ils prévoient.
Nantissement des parts sociales
Est nécessaire l'agrément du créancier nanti afin que la cession à son profit puisse être réalisée en cas de défaut de paiement.

2) Procédure de l'agrément

a) Consultation des associés

Le cédant doit notifier son projet de cession à la société et à ses co associés, (notification par acte extra-judiciaire ou par lettre recommandée avec accusé de réception).

Le gérant doit consulter les associés (en assemblée générale ou par voie de consultation écrite) dans le délai de huit jours qui suivent la notification. (La décision est notifiée à l'associé cédant par lettre recommandée avec accusé de réception).

b) Décision des associés : agrément ou refus d'agrément

Autorisation de la cession	Refus d'agrément
• *Autorisation expresse :* majorité en nombre des associés représentant les trois quarts des parts sociales (lorsque l'agrément ne résulte pas de la loi, les statuts peuvent envisager des conditions de majorité plus faible). • *Autorisation tacite :* elle résulte : – du défaut de réponse dans le délais de trois mois ; – du défaut de rachat des parts sociales dans le cas de refus d'agrément dans les conditions définies au paragraphe 2. • Observation *Le cédant participe au vote.*	Le refus d'agrément doit être notifié à l'associé cédant : – *1e hypothèse :* l'associé détient ses parts depuis moins de deux ans. Il est obligé de rester dans la société (1) ; – *2e hypothèse :* l'associé détient ses parts depuis au moins deux ans. Les parts sociales doivent être rachetées dans les conditions ci-après. Deux possibilités : – rachat par des associés ou des tiers agréés : le prix des parts est fixé dans les conditions de l'article 1843-4 du Code civil (si le cédant n'est pas d'accord sur le prix, il peut renoncer à la cession) (2) ; – rachat par la société, suivi d'une réduction du capital, et ce avec l'accord exprès du cédant (3).

2 Conditions de forme

– La cession de parts doit être constatée par écrit (art. L. 48, L. 20) ; (l'acte de cession doit être enregistré).

– La cession doit être notifiée à la société. Cette notification pouvant résulter :

• soit du dépôt d'un original de l'acte de cession au siège social contre remise par le gérant d'une attestation de ce dépôt ;

• soit d'une signification par huissier ou d'une acceptation de la société par l'intermédiaire de son gérant dans un acte authentique.

Cette formalité, qui rend à la société la cession opposable, est indépendante de l'agrément du cessionnaire que doivent donner les associés.

– Pour être opposable aux tiers, la cession doit, outre la formalité ci-dessus, faire l'objet d'une publicité au RCS. Dans ce but, il faut déposer au greffe du TC deux expéditions de l'acte de cession, s'il a été établi en la forme notariée, ou deux originaux, s'il est sous seing privé (art D14). Ces formalités s'imposent pour toute cession, même entre associés (4).

3 Clause de garantie de passif

Lorsque la cession porte sur une fraction importante des parts (ou d'actions) de la société, l'acquéreur exige du cédant une clause de garantie du passif. L'objectif de cette clause est de protéger le cessionnaire contre le risque d'incertitude pouvant concerner la situation réelle de l'entreprise dont les titres sont cédés. Par cette clause, l'acquéreur exige du cédant qu'il certifie l'exactitude du bilan ou de la situation comptable qui a servi de base à la fixation du prix de cession et qu'il s'engage à prendre à sa charge toutes les dettes qui ne figureraient pas dans le bilan ou la situation et qui viendraient à se révéler postérieurement à la cession. Cette clause doit être rédigée avec soin, l'étendue de l'engagement du cédant est seulement appréciée en fonction de son contenu.

NOTES

(1) Sauf dans les cas de succession, de liquidation de communauté de biens entre époux ou de donation au profit d'un conjoint, ascendant ou descendant.

(2) Art. L. 45, al. 3 : « Si la société a refusé de consentir à la cession, les associés sont tenus, dans le délai de trois mois à compter de ce refus, d'acquérir ou de faire acquérir les parts à un prix fixé dans les conditions prévues à l'article 1843-4 du Code civil (*). Toute clause contraire à l'article 1843-4 du Code civil est réputée non écrite. À la demande du gérant, ce délai peut être prolongé en une seule fois par décision de justice, sans que cette prolongation puisse excéder six mois ».

(*) **Art. 1843-4** du Code civil : Dans tous les cas où sont prévus la cession des droits sociaux d'un associé, ou le rachat de ceux-ci par la société, la valeur de ces droits est déterminée, en cas de contestation, par un expert désigné soit par les parties, soit à défaut d'accord entre elles, par ordonnance du président du tribunal statuant en la forme des référés et sans recours possible.

(3) Art. L. 45, al. 4 : « La société peut également, avec le consentement de l'associé cédant, dans le même délai réduire son capital du montant de la valeur nominale des parts de cet associé et racheter ces parts au prix déterminé, dans les conditions ci-dessus. Un délai de paiement, qui ne saurait excéder deux ans, peut, sur justification, être accordé à la société par décision de justice, les sommes dues portant intérêt au taux légal en matière commerciale. Dans ce cas, les dispositions de l'article L. 35 s'appliquent (réduction du capital à un montant inférieur au minimum légal) ».

(4) Retrait d'associé de SNC ou de commandité de SCS

Les formalités suivantes doivent être accomplies :

– insertion dans un journal d'annonces légales du lieu du siège social (art D 287) ;

– inscription modificative au RCS (article 22, décret du 30 mai 1994) ;

– insertion au BODACC qui sera effectuée à la diligence du greffier.

Si ces formalités ne sont pas respectées, la cession est inopposable aux tiers, sauf s'il est prouvé que ceux-ci l'avaient acceptée expressément.

Chapitre 8

SARL : augmentation du capital

1 Principes généraux : dispositions communes

A. Régime de la décision : décision collective extraordinaire

Principe : décision des associés représentant les trois quarts des parts sociales.

Particularités :

- augmentation du capital par apport en numéraire avec élévation de la valeur nominale des parts sociales existantes : unanimité des associés ;
- augmentation de capital par incorporation de réserves : décision des associés représentant la moitié des parts sociales.

B. Formalités postérieures à la décision constatant la réalisation de l'augmentation

- Enregistrement.
- Insertion dans un journal d'annonces légales.
- Dépôt d'actes au greffe.
- Inscription modificative au RCS.
- Insertion au BODACC à la diligence du greffier.

C. Parts sociales nouvelles souscrites par des tiers

Lorsque les parts sociales nouvelles sont souscrites par des personnes non-associés, il y aura lieu de respecter les conditions de majorité relatives à l'agrément prévues à l'article L. 45 (majorité en nombre des associés représentant les trois quarts des parts sociales).

2 Augmentation de capital par apport en numéraire

A. Principes et processus de l'opération (1)

1) 1e décision collective des associés	La décision arrête le principe de l'augmentation et en fixe les modalités laissant le soin au gérant de recevoir les souscriptions (voir ci-après).
2) Libération	Les parts sociales doivent être intégralement libérées.
3) Dépôt des fonds	• Dans les huit jours de leur réception, les fonds provenant de la libération sont déposés par les personnes qui les ont reçus chez un notaire, dans une banque, ou à la Caisse des dépôts et consignations. • Établissement par le dépositaire d'un certificat (certificat du dépositaire).
4) 2e décision collective extraordinaire	Les résolutions prises auront pour objet : - d'agréer les associés nouveaux, si les souscriptions ont été faites par des tiers ; - de prendre acte de la souscription de la totalité de l'augmentation de capital, de la libération intégrale et du dépôt des fonds ; - de constater la réalisation de l'augmentation de capital (au vu notamment du certificat du dépositaire) ; - de modifier les statuts ; - de donner les pouvoirs nécessaires pour accomplir les formalités de publicité (voir § 1-B).
5) Retrait des fonds	• Le retrait des fonds provenant des souscriptions peut être effectué par un mandataire de la société après l'établissement du certificat du dépositaire. • Mais le retrait ne saurait être effectué avant que l'assemblée ait constaté la réalisation de l'augmentation de capital.

B. Libération par compensation de créances

Pour les SA, l'article L. 192 prévoit que la libération des actions peut être effectuée par compensation avec des créances liquides et exigibles sur la société.

La loi est muette pour la SARL, néanmoins la libération peut intervenir. Toutefois, la compensation est interdite si l'assemblée générale prévoit expressément que l'augmentation du capital sera réalisée par paiement en seul numéraire (Paris, 10 mars 1988, Rm 7 avril 1994).

C. Retard dans l'augmentation de capital (art. L. 61, al. 3 et D. 24)

Si l'augmentation de capital n'est pas réalisée dans le délais de six mois à compter du premier dépôt des fonds, les apporteurs peuvent soit individuellement, soit par mandataire les représentant collectivement, demander en justice l'autorisation de retirer le montant de leurs apports.

- **Observation : retard dans la constitution de la SARL**

Ce principe s'applique également si la société n'a pas été constituée dans le délai de six mois à compter du premier dépôt des fonds (art. L. 39).

3 Augmentation de capital par apport en nature

L'intervention d'un commissaire aux apports est obligatoire.

A. Principe et processus de l'opération

1° Établissement par le gérant et les apporteurs du projet du contrat d'apport.

2° Désignation d'un commissaire aux apports (par ordonnance du président du tribunal de commerce statuant sur requête du gérant) (2).

3° Communication du projet au commissaire aux apports.

4° Décision collective extraordinaire.

Les principales résolutions suivantes sont soumises aux associés :

- approbation de l'évaluation de l'apport (l'apporteur, s'il est associé, peut participer au vote) ;
- agrément des apporteurs s'il s'agit de tiers ;
- décision d'augmentation du capital ;
- modification des statuts ;
- mandat donné au gérant pour accomplir les formalités de publicité (voir § 1).

B. Responsabilité du gérant et des apporteurs

1) Principe : responsabilité quinquennale

Le gérant et les personnes qui souscrivent à l'augmentation du capital par apport en nature sont tenus solidairement pendant cinq ans à l'égard des tiers de la valeur attribuée aux apports en nature.

2) Dérogation : suppression de la responsabilité quinquennale

Lorsque les deux conditions suivantes sont réunies, la responsabilité de cinq ans ne s'applique pas :

- intervention d'un commissaire aux apports ;
- la valeur attribuée par les associés n'est pas différente de celle qui est proposée par le commissaire aux apports.

4 Augmentation de capital par incorporation de réserves

1) Majorité requise

La décision peut être prise par des associés représentant seulement la moitié des parts sociales (art. L. 60, al. 3).

2) Modalités de réalisation

L'augmentation de capital peut être réalisée :

- soit par la création de parts nouvelles attribuées aux associés au prorata du nombre de parts anciennes détenues par chacun d'eux ;
- soit par élévation du montant nominal des parts.

Cette opération est définitivement réalisée par une décision extraordinaire des associés augmentant le capital par voie d'incorporation de tout ou partie de telle ou telle réserve désignée avec précision, modifiant les statuts en conséquence et donnant tous pouvoirs au porteur d'un procès-verbal pour effectuer les formalités légales de publicité.

NOTES

(1) Existence de réserves

Lorsqu'il existe des réserves ou des plus-values latentes, les associés qui ne participent pas à l'augmentation du capital au *prorata* du nombre de leurs parts sociales risquent de se trouver lésés si l'on ne tient pas compte de l'écart existant entre la valeur réelle et la valeur nominale des parts attribuées à l'occasion de cette augmentation.

Deux procédés peuvent être employés, au besoin cumulativement, pour équilibrer l'opération :

- 1) création d'un droit préférentiel de souscription (les conditions en étant définies dans les statuts, le régime de ce droit est en général calqué sur celui des sociétés anonymes) ;
- 2) fixation d'une prime d'émission qui vient s'ajouter à la valeur nominale des parts nouvelles, cette prime d'émission étant versée à la société et non aux associés.

(2) Commissaires aux apports

Nomination

• L'intervention du commissaire aux apports est requise quelle que soit la valeur des biens apportés. (On rappellera que, lors de la constitution, l'intervention d'un commissaire aux apports n'est pas systématiquement obligatoire).

• Le commissaire aux apports doit être choisi parmi les commissaires aux comptes ou parmi les experts inscrits sur l'une des listes établies par les cours et tribunaux (art. D. 25).

• Contrairement au régime des sociétés anonymes (art. L. 80), il n'existe aucune incompatibilité entre les fonctions de commissaire aux apports et l'existence de liens de parenté ou d'alliance entre le commissaire et les apporteurs.

Mission

• Le commissaire apprécie sous sa responsabilité l'évaluation des apports.

• Le rapport doit être :

- déposé au greffe du tribunal de commerce (huit jours au moins avant la décision),
- annexé au procès-verbal de décision constatant la réalisation de l'augmentation.

Chapitre 9
SARL : réduction du capital

1 Réduction du capital

A. Principe

L'opération présente les principales caractéristiques suivantes.

1) Intervention du commissaire aux comptes

S'il existe un commissaire aux comptes, le projet de réduction du capital doit lui être communiqué quarante-cinq jours au moins avant la consultation des associés afin qu'il fasse connaître à ces derniers son appréciation sur les causes et conditions de la réduction (art. L. 63, al. 2 et D. 47).

2) Décision des associés

La réduction du capital doit être autorisée par l'assemblée des associés statuant dans les conditions exigées pour les modifications des statuts : majorité des trois quarts des parts sociales (art. L. 63, al. 1).

La réduction du capital peut s'effectuer suivant trois modalités :

- réduction du nominal des parts sociales (sous réserve que la valeur après réduction reste au moins égale à 100 francs) ;
- diminution du nombre de parts ;
- achat par la société de parts sociales.

« *L'assemblée qui a décidé une réduction du capital non motivée par des pertes peut autoriser le gérant à acheter un nombre déterminé de parts sociales pour les annuler* » (art. L. 63, al. 4).

3) Formalités postérieures à la décision

Voir chapitre 8, §1 - B.

B. Examen de points spécifiques

1) Droit d'opposition des créanciers

La loi du 24 juillet 1966 (art. 63) reconnaît aux créanciers un droit d'opposition lorsque les deux conditions suivantes sont remplies :

- la réduction de capital n'est pas motivée par des pertes, (sinon la décision des associés réduisant le capital ne ferait que tirer les conséquences d'une situation préexistante, sans diminuer pour autant le gage déjà amoindri des créanciers) ;
- leur créance est antérieure à la date de dépôt au greffe du tribunal de commerce du procès-verbal de la délibération des associés portant réduction de capital.

L'opposition doit être formée dans le délai d'un mois à compter du dépôt au greffe de la délibération. Elle doit être signifiée à la société par acte extrajudiciaire et portée devant le tribunal de commerce (art. D. 49). Ce dernier rejette l'opposition ou ordonne soit le remboursement des créances, soit la constitution de garanties, si la société en offre et si elles sont jugées suffisantes.

2) Réduction du capital à un montant inférieur au minimum légal (50 000 F)

La réduction du capital à un montant inférieur au minimum légal ne peut être décidée que sous la condition suspensive d'une augmentation de capital destinée à ramener celui-ci au moins au minimum légal, à moins que la société ne se transforme en société d'une autre forme. En cas d'inobservation de cette règle, tout intéressé peut demander en justice la dissolution de la société. Cette dissolution ne peut être prononcée si, au jour où le tribunal statue sur le fond, la régularisation a eu lieu.

2 Capitaux propres inférieurs à la moitié du capital (art L. 68)

Si du fait des pertes constatées dans les documents comptables le montant des capitaux propres devient inférieur à la moitié du capital, des formalités particulières doivent être accomplies.

Des formalités similaires s'appliquent aux sociétés par actions (art. L. 241). On s'y reportera pour une analyse détaillée (voir chapitre 20).

L'article L. 68 est ainsi rédigé :

«Si du fait des pertes constatées dans les documents comptables les capitaux propres de la société deviennent inférieurs à la moitié du capital social, les associés décident, dans les quatre mois qui suivent l'approbation des comptes ayant fait apparaître cette perte, s'il y a lieu à la dissolution anticipée de la société.

Si la dissolution n'est pas prononcée à la majorité exigée pour la modification des statuts, la société est tenue, au plus tard à la clôture du deuxième exercice suivant celui au cours duquel la constatation des pertes est intervenue, et sous réserve des dispositions de l'article 35, de réduire son capital d'un montant au moins égal à celui des pertes qui n'ont pu être imputées sur les réserves, si, dans ce délai, le montant des capitaux propres n'a pas été reconstitué à concurrence d'une valeur au moins égale à la moitié du capital social.

Dans les deux cas, la solution adoptée par les associés est publiée selon les modalités fixées par décret :

– insertion dans un journal d'annonces légales, ;

– dépôt d'actes au greffe, ;

– inscription au RCS.

À défaut par le gérant ou le commissaire aux comptes de provoquer une décision ou si les associés n'ont pu délibérer valablement, tout intéressé peut demander en justice la dissolution de la société. Il en est de même si les dispositions de l'alinéa 2 ci-dessus n'ont pas été appliquées. Dans tous les cas, le tribunal peut accorder à la société un délai maximal de six mois pour régulariser la situation ; il ne peut prononcer la dissolution si, au jour où il statue sur le fond, cette régularisation a eu lieu.

Les dispositions du présent article ne sont pas applicables aux sociétés en redressement judiciaire».

Chapitre 10

SA : statut des mandataires sociaux

* DG Délégués –> maxi 5.

1 Nomination

A. Modalités de nomination

Qualité	Nomination	Durée du mandat
Administrateurs (1)	• À la constitution : - pour la SA APE, assemblée générale constitutive ; - pour la SA NAPE, dans les statuts. • Au cours de la vie sociale : AGO (*).	Maximum six ans renouvelable (les premiers administrateurs désignés dans les statuts sont nommés tout au plus pour trois ans, mandat renouvelable pour six ans).
Président du CA	Par le CA (le président est obligatoirement une personne physique).	Fixée par le CA La durée de son mandat ne peut excéder celle de son mandat d'administrateur.
Directeurs généraux	Par le CA sur proposition du président du CA (nécessairement personne physique administrateur ou non, actionnaire ou non).	
Membres du CS	Voir administrateurs.	Voir administrateurs.
Président du CS, Vice-président du CS	Par le CS (obligatoirement personne physique).	Fixée par le CS.
Membres du directoire	Par le CS (obligatoirement personne physique).	Fixée par les statuts entre deux ans à six ans, à défaut quatre ans.
Président du directoire	Par le CS.	Fixée par le CS.

(*) Cas particuliers : cooptation des administrateurs (art. L. 94)

La cooptation consiste, de la part des membres du conseil d'administration, à désigner eux-mêmes à titre provisoire un nouvel administrateur dont la nomination devra ensuite être approuvée par l'assemblée. Ce procédé est strictement réglementé et il convient d'envisager trois hypothèses :

1) Lorsque le nombre des administrateurs est devenu inférieur au minimum légal, les administrateurs restants doivent convoquer immédiatement l'assemblée générale ordinaire en vue de compléter l'effectif du conseil (art. L. 94, al. 2) ; à défaut, tout intéressé peut demander en justice la désignation d'un mandataire chargé de convoquer l'assemblée générale à l'effet de procéder aux nominations (art. L. 94, al. 5).

2) Lorsque le nombre des administrateurs en fonction devient inférieur au minimum statutaire, sans toutefois être inférieur au minimum légal, le conseil d'administration doit procéder à des nominations à titre provisoire en vue de compléter son effectif dans le délai de trois mois à compter du jour où se produit la vacance (art. L. 94, al. 3). Si le conseil néglige de procéder aux nominations requises, tout intéressé peut demander en justice la désignation d'un mandataire chargé de convoquer l'assemblée générale à l'effet de procéder aux nominations (art. L. 94, al. 5).

3) Lorsque le nombre des administrateurs en fonction demeure supérieur entre deux assemblées générales au minimum statutaire, la cooptation est purement facultative, et ce en cas de vacance par suite de décès ou de démission (art. L. 94, al. 1).

• Observation

Des dispositions similaires s'appliquent pour les membres du conseil de surveillance (art. L. 137).

Toutefois, lorsque le nombre des membres devient inférieur au minimum légal, l'assemblée est convoquée par le directoire (et non pas par les membres du conseil de surveillance restants).

B. Principales conditions requises pour être désigné

– Avoir la capacité juridique de tout mandataire.

– Respecter les limites d'âge (art. L. 90-1, 110-1, 115-1, 120-1, 129-1).

Mandataires	Limites et sanctions
• **Président du CA** • **Directeurs généraux** • **Membres du directoire**	• Soixante-cinq ans (sauf statuts). • **Sanctions :** - toute nomination irrégulière est nulle ; - si dépassement en cours de mandat, démission d'office.
•**Administrateurs** (*) • **Membres du conseil de surveillance** (*) (*) y compris les représentants permanents	• Plus du tiers ne peuvent dépasser l'âge de soixante-dix ans (sauf statuts). • **Sanctions :** - toute nomination irrégulière est nulle ; - en cas de dépassement en cours de mandat, le plus âgé est réputé démissionnaire d'office (les statuts pourraient prévoir un autre mode de régularisation).
• **Président du CS** • **Vice-président du CS**	Aucune limitation légale (sauf statuts).

/!\ Distinct°. entre direct°. du CA (PCA) et dir°. de la sté (PCA ou DG) = le CA choisit les affectat.

– Certains mandataires doivent être obligatoirement des personnes physiques (président du conseil d'administration, membres du directoire, président et vice-président du conseil de surveillance).

Les administrateurs et les membres du conseil de surveillance peuvent être des personnes morales. Dans ce cas, il doit être désigné un représentant permanent (2).

– Ne pas être frappé d'interdictions, de déchéances, d'incompatibilités (3).

– Certaines professions sont incompatibles avec les fonctions de mandataire dans la SA, d'autres sont représentées.

– Respecter les règles de cumul de mandats (art. L. 92, 111, 127, 136, 151).

Mandataires sociaux	Limites	Sanctions
• **Président du conseil d'administration** et • **Membres du directoire**	- Limite : ~~2~~. 1 - Existence d'exceptions (4). - Délai de régularisation : trois mois.	→ Possibilité d'1 deuxième mandat exercé ds 1 sté contrôlée par la SA, dès lors q. les titres de la sté contrôlée ne st pas admis aux négociat° s/1 marché réglementé.
• **Directeurs généraux** • DGU	~~Aucune limitation~~. //	//
• **Administrateurs** (personnes physiques) et • **Membres du conseil de surveillance** (personnes physiques) • DGD (maxi = 5). • PDG.	- Limite : ~~8~~. 5 (*) - Existence d'exceptions (5). - Délai de régularisation : trois mois.	• Toute personne physique qui, lorsqu'elle accède à un nouveau mandat, se trouve en infraction avec les dispositions de l'article 92, alinéa 1, doit, dans les trois mois de sa nomination, se démettre de l'un de ses mandats.
• **Administrateurs** (personnes physiques) et • **Membres du conseil de surveillance** (personnes physiques) • **Représentants permanents**	Aucune limitation. Aucune limitation.	• À l'expiration de ce délai, elle est réputée s'être démise de son nouveau mandat et doit restituer les rémunérations perçues, sans que soit, de ce fait, remise en cause la validité des délibérations auxquelles elle a pris part.
Les dispositions qui précèdent s'appliquent aux sociétés ayant leur siège social en France ~~métropolitaine~~.		

NB = Plafond Global = tt mandat confondu 1 PP ne peut pas cumuler + de 5 mandats de DG, membre D., DGU, Adm^R ou membre CS.

– Les administrateurs, les membres du conseil de surveillance doivent être propriétaires d'un nombre minimum d'actions (6).

(*) Ne st pas pris en cpte les mandats de stés contrôlées par la sté ds laquelle est exercé 1 mandat d'Adm^R, dès lors q. les titres des stés contrôlées ne st pas admis aux négo. s/1 marché réglementé.

2 Révocation

Administrateurs et membres du conseil de surveillance	
• Révocation à tout moment par l'AGO et sans motif (il n'est pas nécessaire que la révocation figure à l'ordre du jour - art. L. 160). • La personne révoquée ne peut, en principe, prétendre à aucune indemnité ni dommages et intérêts (7).	
Président du CA, du CS, vice-président du CS, directeurs généraux	
• Président du CA, du CS, vice-président du CS	– Révocation à tout moment par le CA ou le CS et sans motif. En principe pas de dommages et intérêts(7).
•Directeurs généraux	– Révocation à tout moment par le CA sur proposition du président et sans motif. En principe pas de dommages et intérêts(7).
Membres du directoire et membres du conseil de surveillance	
• Membres du directoire	– Révocation par l'AGO, sur proposition du conseil de surveillance. – Si révocation sans juste motif, éventuellement dommages et intérêts (8).
•Président du directoire	– Révocation par le CS (9).

3 Nombre de mandataires

A. Sociétés anonymes à conseil d'administration

1) Nombre d'administrateurs (art. L. 89) (*)

Principe
Minimum trois. Maximum fixé dans les statuts sans pouvoir excéder vingt-quatre.
Particularité en cas de fusion
• En cas de fusion, ce nombre peut excéder la limite de vingt-quatre pendant un delai de trois ans sans pouvoir être supérieur à trente.

(*) Des particularités existent pour les administrateurs élus par les salariés dans le cadre de l'ordonnance du 21 octobre 1986(1), ou les administrateurs, désignés par l'AGO, nommés parmi les salariés actionnaires (loi du 25 juillet 1994).

2) Directeurs généraux

Selon l'article 115 de la loi, sur la proposition du président, le conseil d'administration peut donner mandat à une personne physique d'assister le président à titre de directeur général.

Cette limite est portée à :

- deux directeurs généraux dans les sociétés dont le capital est au moins égal à 500 000 F ;
- cinq directeurs généraux dans les sociétés dont le capital est au moins égal à 10 000 000 F, mais dans ce cas, trois d'entre eux au moins devront être choisis par les administrateurs.

B. Sociétés régies par les articles L. 118 à 150

(SA à directoire)

1) Nombre de membres du directoire

Selon l'article 119, alinéa 1 de la loi, le nombre de membres du directoire ne peut pas être supérieur à cinq. Ce nombre maximal est porté à sept lorsqu'il s'agit d'une société dont les actions sont inscrites à la cote officielle d'une bourse de valeurs.

Le nombre de membres du directoire est fixé dans les statuts ou, à défaut, par le conseil de surveillance.

Lorsque le capital social est inférieur à 1 000 000 F, le directoire peut n'être composé que d'une seule personne.

2) Nombre de membres du conseil de surveillance (art. L. 129)(*)

Depuis la loi du 11 février 1994, les dispositions sont identiques à celles exposées pour les administrateurs.

NOTES

(1) Sous certaines conditions, les administrateurs ou membres du conseil de surveillance peuvent être élus par les salariés (ordonnance du 21 octobre 1986).

(2) Personne morale administrateur (ou membre du conseil de surveillance).

La personne morale administrateur ou membre du conseil de surveillance doit désigner un représentant permanent (art. L. 91, L. 135).

Lors de sa nomination, la personne morale est tenue de désigner un représentant permanent qui est soumis aux mêmes conditions et obligations et qui encourt les mêmes responsabilités civile et pénale que s'il était administrateur ou membre du conseil de surveillance en son nom propre, sans préjudice de la responsabilité solidaire de la personne morale qu'il représente. Lorsque la personne morale révoque son représentant, elle est tenue de pourvoir en même temps à son remplacement.

Le décret du 23 mars 1967 (art. 78 et 79) précise les points ci-après :

- le mandat du représentant permanent est donné pour la durée de celui de la personne morale ;
- la personne morale doit notifier sans délai à la société, par lettre recommandée, la révocation, le décès ou la démission du représentant permanent ainsi que l'identité de son nouveau représentant permanent ;

(*) Des particularités existent pour les membres du conseil de surveillance élus par les salariés dans le cadre de l'ordonnance du 21 octobre 1986.

– la désignation du représentant et la cessation de son mandat sont soumises aux mêmes formalités de publicité que s'il était administrateur ou membre du conseil de surveillance en son nom propre.

(3) Interdictions, déchéances, incompatibilités

Incapacités et déchéances

Les mandataires sociaux ne doivent pas être frappés d'incapacités ou de déchéances résultant :

– du décret-loi du 8 août 1935 ;

– de la loi du 30 août 1947 relative à l'assainissement des professions commerciales et industrielles ;

– de la loi du 25 janvier 1985, relative au redressement et à la liquidation judiciaires des entreprises.

Incompatibilités (art. L. 221)

Les commissaires aux comptes ne peuvent être nommés administrateurs, directeurs généraux ou membre du directoire des sociétés qu'ils contrôlent, moins de cinq années après la cessation de leurs fonctions. La même interdiction est applicable aux associés, actionnaires, dirigeants d'une société de commissaires aux comptes.

Pendant le même délai, ils ne peuvent exercer les mêmes fonctions dans les sociétés possédant 10 % du capital de la société contrôlée par eux ou dont celle-ci possède 10 % du capital lors de la cessation des fonctions de commissaire.

Étrangers

En principe, les mandataires qui disposent d'un pouvoir de représentant à l'égard des tiers (président du conseil d'administration, président du directoire, directeurs généraux) doivent être titulaires de la carte de commerçant étranger (il existe de nombreuses exceptions, notamment les ressortissants de l'Union européenne).

(4) Cumul de mandats - Exceptions

Liste des exceptions concernant les administrateurs et les membres du conseil de surveillance

La limitation de huit n'est pas applicable :

– aux administrateurs ou membres du conseil de surveillance dont le mandat est exclusif de toute rémunération en vertu des dispositions législatives ou réglementaires ;

– aux administrateurs ou membres du conseil de surveillance de sociétés dont le capital est détenu à concurrence de 20 % au moins par une société dont ils sont déjà administrateurs ou membres du conseil de surveillance dans la mesure où le nombre de mandats détenus à ce titre n'excède pas cinq.

Il faut relever que la limitation n'est pas non plus applicable aux mandats d'administrateur (cette exception n'est pas prévue pour les membres du conseil de surveillance) dans les instituts régionaux de participation, lorsque les statuts excluent toute rémunération à ce titre.

Par ailleurs, les mandats d'administrateur ou de membre du conseil de surveillance des diverses sociétés d'assurances ayant la même dénomination sociale ne comptent que pour un seul mandat.

(5) Liste des exceptions concernant le président du conseil d'administration, les membres du directoire.

Même principe que les administrateurs.

(6) Administrateurs, membres du conseil de surveillance

Ils doivent être propriétaires d'un nombre minimum d'actions (art. L. 95, 97, L. 130, L. 132).

• Chaque administrateur ou membre du conseil de surveillance doit être propriétaire d'un nombre d'actions déterminé par les statuts (ce nombre ne peut être inférieur à celui exigé par les statuts pour ouvrir aux actionnaires le droit d'assister à l'assemblée générale ordinaire).

• L'administrateur ou le membre du conseil de surveillance qui, au jour de sa nomination, n'est pas propriétaire du nombre d'actions requis ou qui, en cours de mandat, cesse d'en être propriétaire, dispose d'un délai de trois mois pour régulariser sa situation : passé ce délai, il est réputé démissionnaire d'office.

• Le commissaire aux comptes doit indiquer dans son rapport général toute irrégularité aux articles précités.

(7) Très exceptionnellement, les circonstances de fait entourant la révocation peuvent parfois entacher celle-ci d'abus de droit et donner lieu à des dommages-intérêts.

Parmi les éléments constitutifs de l'abus, la Cour de cassation a retenu en particulier :

- le caractère brutal, vexatoire ou malveillant de la décision ;
- le fait que l'administrateur ait été mis dans l'impossibilité de se défendre ou l'allégation de prétextes fallacieux ;
- la publicité particulière donnée aux griefs invoqués ou les commentaires désobligeants accompagnant la révocation.

(8) Le juste motif se définit, non pas seulement en fonction de l'activité ou du comportement du membre du directoire, mais aussi en fonction de l'intérêt social.

(9) Selon la jurisprudence, ***le droit de révoquer le président du directoire*** appartient au conseil de surveillance mais cette révocation peut donner lieu à des dommages-intérêts si elle ne répond pas à un juste motif (Douai 17 juin 1976).

La même solution trouverait à s'appliquer pour la qualité de directeur général attribuée par le conseil de surveillance à certains membres du directoire.

Chapitre 11
SA - SARL : conventions

1 Conventions réglementées

SA (*) (art. L. 101 à 105, art. L. 143 à 147)	**SARL** (art. L. 50, art. L. 50-1)
A - Champ d'application • Toute convention entre la SA et ses administrateurs(1), ses directeurs généraux, ses membres du directoire et membres du conseil de surveillance(1) directement, indirectement ou par personne interposée. ou actio. disposant d'au ⊕ 5% des Δ de vote. • ***Observation*** *~~Les actionnaires ne sont pas visés(2).~~* • Toute convention entre la SA et une entreprise dans laquelle les personnes visées ci-dessus ont l'une des qualités suivantes : – propriétaire (de l'entreprise individuelle) ; – associé indéfiniment responsable(3) ; – gérant ; – administrateur ; – directeur général ; – membre du conseil de surveillance ; – membre du directoire.	***A - Champ d'application*** • Toute convention entre la SARL et ses gérants ou associés. • Toute convention entre la SARL et une société dans laquelle les personnes ci-dessus ont l'une des qualités suivantes : - associé indéfiniment responsable(3) ; - gérant ; - administrateur ; - directeur général ; - membre du conseil de surveillance ; - membre du directoire.
Sont libres les opérations courantes conclues à des conditions normales. Le caractère courant est lié à l'activité de la société et le caractère normal est lié aux conditions de l'opération(4). Doit ê communiqué au PCA (ou PCS) puis au CA (ou CS)	

et au CAC.
Tt assoc. a le D d'en obtenir comm°

B - Formalités à accomplir

1) Information du conseil d'administration ou du conseil de surveillance, par l'intéressé, de la convention projetée.

2) Autorisation préalable du conseil d'administration ou du conseil de surveillance (l'intéressé ne prend pas part au vote) (5).

3) Information du commissaire aux comptes par le président du conseil d'administration ou le président du conseil de surveillance (délai : un mois qui suit la conclusion de la convention).

4) Rapport spécial du commissaire aux comptes :
- mentions : énumération des conventions, caractéristiques de celles-ci et personnes intéressées ;
- dépôt du rapport : au moins quinze jours avant l'AGO.

5) AGO (annuelle) : approbation des conventions réglementées au vu du rapport spécial du commissaire aux comptes. L'administrateur, le directeur général, le membre du conseil de surveillance, les membres du directoire intéressés sont privés du droit de vote et leurs actions ne sont pas prises en compte pour le calcul du quorum et de la majorité (6).

B - Formalités à accomplir

Il y a deux procédures.

1) Contrôle a priori : approbation préalable des associés si réunion de deux conditions :
- absence de commissaire aux comptes ;
- convention entre la SARL et l'un de ses gérants non-associé.

2) Contrôle a posteriori (autres cas) :
- conclusion de la convention ;
- information du commissaire aux comptes, s'il en existe un, par le gérant (délai un mois) ;
- rapport spécial du commissaire aux comptes ou du gérant (mentions et dépôt, idem SA) ;
- approbation des conventions réglementées par les associés (les associés intéressés sont privés de droit de vote, leurs parts sociales sont décomptées pour le calcul de la majorité).

Cas particulier :
SARL à associé unique

Il est simplement fait mention de la convention sur le registre des décisions (loi du 31 décembre 1989) (8).

• **Observation**

Lorsque l'exécution de conventions conclues et autorisées au cours d'exercices antérieurs a été poursuivie au cours du dernier exercice, les commissaires aux comptes sont informés de ces conventions dans le délai d'un mois qui suit la clôture de l'exercice.

(*) **SCA** - Aux termes de l'article L. 258 les dispositions de la SA sont applicables dans les mêmes conditions aux gérants et membres du conseil de surveillance de la société en commandite par actions.
SAS (art. L. 262-11, 262-12) - Le commissaire aux comptes présente aux associés un rapport sur les conventions intervenues directement ou par personne interposée entre la société et son président ou ses dirigeants.
Les associés statuent sur ce rapport.
Les conventions non approuvées produisent néanmoins leurs effets, à charge pour la personne intéressée et éventuellement pour le président et les autres dirigeants d'en supporter les conséquences dommageables pour la société.
Les dispositions prévues à l'article 262-11 ne sont pas applicables aux conventions portant sur les opérations courantes et conclues à des conditions normales.

2 Conventions interdites

A. Nature des opérations

– Contracter, sous quelque forme que ce soit des emprunts auprès de la société.
– Se faire consentir par elle un découvert, en compte courant ou autrement.
– Faire cautionner ou avaliser par elle leurs engagements envers les tiers.

B. Personnes visées

SARL (art. L. 51)	SA (art. L. 106)	SA (art. L. 148)
• Gérant. • Associé personne physique. • Représentants légaux des associés personnes morales.	• Président du conseil d'administration. • Directeur général. • Administrateur personne physique (*). • Représentant permanent de la personne morale administrateur.	• Membre du directoire • Membre du conseil de surveillance personne physique (*). • Représentant permanent de la personne morale membre du conseil du surveillance.

• **Observation**

- *La même interdiction aux conjoint, ascendants, descendants des personnes visées ci-dessus, ainsi qu'à toute personne interposée (**).*
- *Les dispositions précitées s'appliquent également aux dirigeants de fait.*
- *L'interdiction ne s'applique pas si la société exploite un établissement bancaire ou financier, à condition qu'il s'agisse d'opérations courantes de ce commerce conclues à des conditions normales.*
- *Les dispositions de la SA s'appliquent également à la SCA et à la SAS (art. L. 258, L. 262-1).*

(*) Possibilité de prêter, dans le cadre de la participation à l'effort de construction, aux administrateurs ou aux membres du conseil de surveillance élus par les salariés (ordonnance du 21 octobre 1986).

(**) Il y a interposition de personne lorsqu'une des personnes visées par l'interdiction (et qui n'apparaît pas directement dans la convention) est le bénéficiaire ultime de l'opération conclue entre la société et une autre personne dite interposée (qui apparaît ostensiblement dans le contrat, masquant ainsi le véritable bénéficiaire).

Cependant, l'interposition de personne ne se présumant pas, il est nécessaire d'établir la preuve que le bénéficiaire officiel de l'opération n'est qu'un bénéficiaire apparent qui s'interpose entre la société et l'une des personnes visées par l'interdiction, bénéficiaire ultime de l'opération.

C. Sanctions

La sanction civile est la nullité du contrat passé contrairement aux dispositions de l'article L. 106 (et de l'article L. 148). Il s'agit d'une nullité absolue : elle peut être invoquée par tout intéressé (Cass. Ch. mixte, 10 juillet 1981).

La conclusion d'une opération en violation des dispositions des articles L. 51, L. 106 et L. 148 peut être, dans certains cas, assimilée à un détournement de fonds constitutif du délit d'abus de biens sociaux ou d'abus de crédit.

Toutefois, la conclusion d'une opération interdite ne constituera un abus de biens ou un abus de pouvoir (art. L. 425, 54, L. 437-3° et 4°) que si les conditions suivantes sont réunies :

- acte contraire aux intérêts de la société ;
- mauvaise foi du dirigeant ;
- intérêt personnel direct ou indirect du dirigeant.

NOTES

(1) Personne physique ou personne morale, y compris le représentant permanent

(2) Procédure particulière de vérification en cas d'acquisition par la SA d'un bien auprès d'un actionnaire si réunion de deux conditions (voir chapitre 25) :

- acquisition dans les deux ans qui suivent l'immatriculation ;
- valeur du bien représentant au moins un dixième du capital nominal, qu'il soit libéré ou non.

(3) Associé d'une SNC, commandité d'une SCS ou d'une SCA, associé d'une société civile.

(4) Opérations courantes conclues à des conditions normales

Les conditions posées par la loi sont cumulatives. La convention doit à la fois :

- porter sur des opérations courantes, c'est-à-dire sur des opérations effectuées par la société d'une manière habituelle dans le cadre de son activité ;
- être conclue à des conditions normales, c'est-à-dire ne comportant pas au profit des personnes visées à l'article 101 un gain exorbitant ou des conditions exceptionnelles (clause d'exclusivité, remises anormales, etc.) ; le caractère normal des conditions consenties ne peut toutefois s'apprécier qu'eu égard aux usages de la société en cause et des autres sociétés du même secteur d'activité.

(5) Conventions conclues sans autorisation préalable du conseil d'administration ou du conseil de surveillance

• ***Principe*** - Nullité possible si conséquence dommageable pour la société et ce, sans préjudice de la responsabilité des intéressés (administrateurs, directeurs généraux, membres du directoire, membres du conseil de surveillance). L'action en nullité est prescrite pour trois ans à compter de la date de la convention ou de la date de sa révélation si elle a été dissimulée.

• ***Couverture de nullité*** - La nullité peut être couverte par un vote de l'assemblée intervenant sur le rapport spécial des commissaires aux comptes exposant les circonstances en raison desquelles la procédure d'autorisation n'a pas été suivie.

(6) Conséquences des conventions non approuvées par l'assemblée (art. L. 104, L. 146)

Elles produisent leurs effets à l'égard des tiers sauf lorsqu'elles sont annulées dans le cas de fraude (applicable également aux conventions approuvées). Les intéressés peuvent supporter les conséquences qui seraient préjudiciables à la société, même en l'absence de fraude.

(7) Non-approbation des conventions par les associés (SARL)

Les conventions non approuvées produisent néanmoins leurs effets à charge pour le gérant, et s'il y a lieu, pour l'associé contractant, de supporter individuellement ou solidairement, selon les cas, les conséquences du contrat préjudiciable à la société.

(8) SARL à associé unique

Lorsque la société ne comprend qu'un seul associé et que la convention est conclue avec celui-ci, il en est seulement fait mention au registre des délibérations.

En conséquence, il n'est pas nécessaire que le gérant ou le commissaire aux comptes établisse un rapport spécial sur la convention.

Cette convention devra seulement être mentionnée sur le registre des délibérations, de façon à faire ressortir la nature et l'objet de l'opération effectuée ainsi que ses caractéristiques essentielles (prix, modalités de paiement, etc.).

Chapitre 12

SA : contrat de travail et rémunération des mandataires sociaux

1 Cumul du mandat social avec un contrat de travail

A. Conditions générales

La jurisprudence exige les conditions suivantes :

- emploi effectif ;
- nette distinction des fonctions entre celle du mandataire et celles du salarié ;
- existence d'un lien de subordination.

B. Conditions exigées par la loi du 24 juillet 1966 (1)

1) Administrateurs

a) 1e hypothèse : Conditions d'accès d'un salarié au conseil d'administration (art. L. 93)

L'article L. 93 prévoit deux conditions :

Antériorité du contrat de travail (Plus d'antériorité de 2 ans.)	**Limitation du nombre d'administrateurs liés par un contrat de travail**
• Principe Antériorité du contrat de travail(*) En cas de fusion, le contrat de travail peut avoir été conclu avec l'une des sociétés fusionnées (disposition également applicable en cas de scission). **• Sanctions** Toute nomination effectuée en violation des dispositions précitées est nulle. Cette nullité n'entraîne pas celle des délibérations auxquelles a pris part l'administrateur irrégulièrement nommé.	**• Principe** Plus du tiers des administrateurs ne peuvent être liés par un contrat de travail (**). **• Sanctions** Les nominations qui contreviennent à la limitation du nombre sont nulles (Cass. soc. 11 juin 1986).

(*) La loi du 11 février 1994 a supprimé l'exigence de l'antériorité de deux ans (cette condition n'a pas été abrogée pour les administrateurs élus par les salariés).

(**) Les administrateurs élus par les salariés ne sont pas pris en compte pour le calcul du tiers (ordonnance du 21 octobre 1986) ainsi que les administrateurs désignés par l'AGO nommés par les actionnaires salariés (loi du 25 juillet 1994). La règle du tiers est écartée en cas de rachat d'une entreprise par ses salariés (art. 220 quarter du CGI).

b) 2e hypothèse : Conclusion d'un contrat de travail par un administrateur en fonction

La Cour de cassation a jugé à plusieurs reprises qu'est nul d'une nullité absolue le contrat de travail conclu par un administrateur en fonction.

2) Directeurs généraux

1er cas : **Le directeur général** **est administrateur**	**2e cas :** **Le directeur général** **n'est pas administrateur**
L'article L. 93 doit être respecté (antériorité du contrat de travail de ~~deux ans~~ et limite du tiers). Annulé en 99.	Le contrat peut être antérieur ou postérieur à la désignation. (On notera que le contrat de travail conclu postérieurement à la désignation constitue une convention réglementée).

• Observation

Dans tous les cas, le contrat de travail doit être sérieux et sincère. Les attributions salariées ne doivent pas se trouver englobées par les fonctions sociales, situation délicate pour les cadres chargés de la direction administrative.

C. Président du conseil d'administration

En sa qualité d'administrateur, le président est soumis aux conditions de l'article L. 93. Mais sa situation au regard du cumul est fragile. En effet, dans la plupart des cas, il sera très difficile de démontrer l'existence d'un lien de subordination.

Une analyse de la jurisprudence ne permet pas cependant de condamner irrémédiablement le cumul pour le président, la jurisprudence l'a admis dans les situations exceptionnelles.

D. Membres du directoire et président du directoire

L'article 121 de la loi de 1966 admet qu'un membre du directoire puisse conclure avec la société un contrat de travail, puisqu'il prévoit que ce contrat survit en cas de révocation. Le contrat de travail peut être antérieur, postérieur ou concomitant à l'accession aux fonctions sociales.

Par ailleurs, la conclusion d'un contrat de travail d'un membre du directoire en fonction constitue une convention réglementée. Les formalités des articles 143 (conventions réglementées) et suivants doivent être respectées.

En revanche, elles sont inapplicables lorsqu'un salarié de la société devient membre du directoire.

E. Membres du conseil de surveillance, président et vice-président du conseil de surveillance

Les membres du conseil de surveillance peuvent être liés par un contrat de travail. Plus du tiers des membres du conseil de surveillance peuvent être liés par un contrat de travail (pour le calcul du tiers, il est pris en considération les membres du conseil de surveillance élus par les salariés).

2 Rémunération en qualité de mandataire

1. Président du CA et directeurs généraux	**1. Président du conseil de surveillance, vice-président du conseil de surveillance**
Le conseil d'administration détermine la rémunération du président (art. L. 110) (*). Le conseil d'administration détermine la rémunération des directeurs généraux (art. L. 115) (*).	Le conseil de surveillance détermine, s'il l'entend, la rémunération du président et du vice-président (art. L. 138).
2. Administrateurs	**2. Membres du conseil de surveillance**
• Jetons de présence (art. L. 108) L'assemblée générale peut allouer aux administrateurs en rémunération de leur activité, à titre de jetons de présence, une somme fixe annuelle. • Rémunérations exceptionnelles (art. L. 109) (**)	• Jetons de présence (art. L. 140) voir administrateurs. • Rémunérations exceptionnelles (art. L. 141) (**) voir administrateurs.
	3. Président du directoire, membres du directoire
	Le conseil de surveillance fixe le mode et le montant de la rémunération de chaque membre du directoire (art. L. 123).

(*) La fixation de la rémunération ne constitue pas une convention réglementée (2) (3).

(**) Le conseil d'administration peut conférer à un ou plusieurs de ses membres ou à des tiers, actionnaires ou non, tous mandats spéciaux pour un ou plusieurs objets déterminés.
Il peut décider de la création de comités chargés d'étudier les questions que lui ou son président soumet pour avis à leur examen. Il fixe la composition et les attributions des comités qui exercent leur activité sous sa responsabilité.

NOTES

(1) Existence de particularités dans certains cas

Par exemple :
- société d'exercice libéral à forme commerciale (loi du 31 décembre 1990) ;
- société de commissaire aux comptes (art. L. 218, al. 2) ;
- administrateurs, membres du conseil de surveillance élus par les salariés (ordonnance du 21 octobre 1986) ;
- sociétés du secteur public ;
- sociétés coopératives ;
- sociétés exploitant un laboratoire d'analyses médicales ;
- administrateurs représentant les actionnaires salariés (loi du 25 juillet 1994).

(2) Pension de retraite

Pour la Cour de cassation (Cass. com. 22 janvier 1991) la procédure de contrôle applicable aux conventions réglementées (voir chapitre 11) n'est pas applicable à une pension de retraite lorsque celle-ci s'analyse en un complément de rémunération. Celle-ci suit alors le régime de la rémunération elle-même du président qui n'est pas soumise à ladite procédure. Elle est décidée par le conseil d'administration.

Mais pour qu'il en soit ainsi, il doit être respecté les conditions suivantes :

- la pension doit être versée en contrepartie de services particuliers rendus par le président de la société ;
- ces services particuliers se distinguent de ceux habituellement rémunérés en cours de mandat social ;
- la pension doit être nécessairement proportionnelle aux services ainsi rendus. Elle doit ne pas être trop lourde à supporter pour la société.

(3) Rémunération exceptionnelle

Le versement d'une indemnité exceptionnelle peut constituer une convention réglementée.

L'allocation exceptionnelle décidée par le conseil d'administration en faveur de son président du fait de la cessation de ses fonctions et de la cession corrélative de ses actions est soumise à la procédure des articles 101 et suivants. Mais le non-respect du formalisme n'entraîne l'annulation de l'allocation qu'en cas de dommages pour la société versante (Cass. com. 18 octobre 1994).

Chapitre 13

Droits essentiels des actionnaires dans la gestion de la société

1 Protection des actionnaires en fonction du seuil de détention du capital

Seuil de ~~10 %~~ 5 %
1. Action en récusation des commissaires aux comptes (L. 225) (*). 2. Action en révocation des commissaires aux comptes (L. 227) (**). 3. Expertise de gestion (L. 226) (***). 4. Convocation des assemblées (L. 158) (****). 5. Poser par écrit, tout au plus deux fois par exercice, des questions sur tout fait de nature à compromettre la continuité de l'exploitation.
(*) Récusation par décision de justice pour justes motifs à la demande : - d'actionnaires représentant le ~~dixième~~ 5 % du capital ; - du comité d'entreprise ; - du ministère public ; - de la COB dans la SA APE (voir chapitre 24). (**) Révocation par décision de justice en cas de faute ou d'empêchement à la demande : - du conseil d'administration ou du directoire ; - de l'assemblée générale ; - d'actionnaires représentant le dixième du capital ; - du comité d'entreprise ; - du ministère public ; - de la COB dans la SA APE (voir chapitre 24). (***) Désignation d'un ou plusieurs experts par décision de justice à la demande : - d'actionnaires représentant le dixième du capital ; - du comité d'entreprise ; - du ministère public ; - de la COB dans la SA APE (voir ci-après § 2). (****) En cas de carence du conseil d'administration ou du directoire, convocation de l'assemblée par un mandataire désigné par décision de justice à la demande de tout intéressé en cas d'urgence, ou à la demande d'actionnaires représentant le dixième du capital.

Seuil de ~~5 %~~
1. Inscription de projets de résolutions à l'ordre du jour de l'assemblée (L. 160) (*).
2. Action en responsabilité contre les administrateurs, les dirigeants sociaux (L. 244 et s.) (**).
(*) Un ou plusieurs actionnaires représentant le ~~vingtième~~ du capital peuvent requérir l'inscription de projets de résolutions à l'ordre du jour. (Des dispositions particulières existent lorsque le capital excède 5 000 000 F).
(**) Action sociale : par un groupe d'actionnaires représentant le ~~vingtième~~ du capital (voir chapitre 14).

- **Observations : association d'actionnaires dans les sociétés cotées**

Dans ces sociétés, les actionnaires justifiant d'une inscription nominative depuis au moins deux ans et détenant ensemble au moins 5 % des droits de vote peuvent se regrouper en associations et :

- *demander la désignation en justice d'un mandataire chargé de convoquer l'assemblée générale des actionnaires à l'issue d'une OPA, d'une OPE ou d'une cession de bloc de contrôle (art. L 158) ;*
- *requérir l'inscription à l'ordre du jour de projets de résolution (art. L. 160) ;*
- *demander la récusation des commissaires aux comptes (art. L. 225) ;*
- *demander l'expertise de minorité sur une ou plusieurs opérations de gestion (art. L. 226) ;*
- *poser par écrit, deux fois par an, des questions au président du conseil d'administration ou au directoire sur tout fait de nature à compromettre la continuité de l'exploitation (art. L. 226-1) ;*
- *exercer l'action en relèvement des commissaires aux comptes (art. L. 227) ;*
- *exercer l'action sociale en responsabilité contre les administrateurs (art. L. 245).*

2 Expertise de gestion

Dans les sociétés par actions, il peut être procédé à l'examen d'une ou plusieurs opérations de gestion, par un ou plusieurs experts désignés par décision de justice. Des dispositions identiques existent dans la SARL.

Le tableau ci-contre résume l'essentiel des dispositions tant en ce qui concerne les sociétés par actions que les SARL.

SA (L. 226 - D. 195)	SARL (L. 64-2 - D. 44-4)
Désignation par décision de justice d'un ou plusieurs experts à la demande : - d'un ou plusieurs actionnaires représentant le dixième du capital (*) ; - du comité d'entreprise ; - du ministère public ; - de la COB, dans les SA faisant appel public à l'épargne ; - d'association d'actionnaires dans les sociétés cotées.	Désignation par décision de justice d'un ou plusieurs experts à la demande : - d'un ou plusieurs actionnaires représentant le dixième du capital (*) ; - du comité d'entreprise ; - du ministère public.

- Lorsqu'il est fait droit à la demande, le tribunal de commerce détermine le nombre et la mission des experts et peut décider que les honoraires seront pris en charge par la société.
- Le rapport d'expertise est déposé au greffe, le greffier en assure communication.

– Dans la SA : le rapport d'expertise est adressé au demandeur, au conseil d'administration ou au directoire et au conseil de surveillance, au comité d'entreprise, au ministère public, à la COB pour les SA faisant appel public à l'épargne, aux commissaires aux comptes.

– Dans la SARL : le rapport d'expertise est adressé au demandeur, au gérant, au comité d'entreprise, au ministère public, au commissaire aux comptes s'il en existe un.

Le rapport doit être annexé à celui établi par le commissaire aux comptes en vue de la prochaine assemblée générale et recevoir la même publicité.

- Sanctions pénales

Les dirigeants sociaux qui feraient obstacle aux vérifications ou aux contrôles des experts nommés en exécution des articles L. 226 et L. 64-2 s'exposent à des sanctions pénales (art. L. 430, L. 458).

(*) Possibilité de se grouper sous quelque forme que ce soit.

- **Observation**

– La demande doit revêtir un caractère sérieux (Cass. com. 15 juillet 1987).

– La demande ne saurait porter sur la gestion de la société dans son ensemble, ni sur la régularité des comptes sociaux, mais seulement sur une ou plusieurs opérations déterminées (Cass. com. 15 juillet 1987, Cass. com. 20 décembre 1988).

3 Droits de tout actionnaire

1) Droit à l'information

– droit de communication permanent (1) ;

– droit de communication préalable à l'AGO annuelle (2).

2) Droit de participer aux assemblées

Les statuts peuvent exiger un nombre minimal d'actions sans pouvoir excéder dix pour ouvrir le droit de participer à l'assemblée générale ordinaire (art. L. 165).

3) Droit de provoquer la désignation d'un commissaire aux comptes par décision de justice

Si l'assemblée omet d'élire un commissaire aux comptes, tout actionnaire peut demander en justice la désignation d'un commissaire aux comptes (art. L. 224).

4) Droit de poser des questions écrites dans la période précédant la tenue de l'assemblée (art. L. 162).

NOTES

(1) Droit de communication permanent (à toute époque de l'année)

1) À toute époque de l'année, toute personne peut demander communication des documents suivants (art. D. 153) :

• statuts ;

• nom, prénom usuel et domicile des administrateurs ou des membres du conseil de surveillance et du directoire ;

• nom, prénom usuel et domicile des commissaires aux comptes en exercice.

2) À toute époque de l'année, tout actionnaire peut prendre connaissance des documents suivants concernant les trois derniers exercices (art. L. 170) :

• résolutions :

– texte et exposé des motifs des résolutions proposées ;

• documents comptables :

– comptes annuels (avec le cas échéant, le tableau sur la situation des filiales et participations et les comptes annuels consolidés) ;

– inventaires ;

• rapports :

– rapports de gestion du conseil d'administration ou du directoire et du conseil de surveillance selon le cas (avec tableau sur la situation de la société au cours de chacun des cinq derniers exercices) ;

– rapport des commissaires aux comptes ;

• renseignements concernant les dirigeants sociaux :

– liste des administrateurs ;

– renseignements concernant les candidats au conseil d'administration ou au conseil de surveillance ;

• renseignements divers :

– montant global, certifié exact par les commissaires aux comptes, des rémunérations versées aux personnes les mieux rémunérées, le nombre de ces personnes étant de dix à cinq selon que l'effectif du personnel excède ou non deux cents salariés ;

• feuilles de présence ;

• procès-verbaux.

(2) Droit de communication préalable à l'assemblée générale ordinaire annuelle (*)

À dater de la convocation de l'AGO, les actionnaires peuvent avoir communication de tous les documents soumis à l'assemblée (art. D. 135 et 139 et L. 168) :

- ordre du jour ;
- inventaire, comptes annuels et comptes consolidés ;
- tableaux des résultats des cinq derniers exercices ;
- rapport de gestion du conseil d'administration, du directoire et du conseil de surveillance ;
- rapport de gestion du groupe (voir chapitre 27) ;
- tableaux des affectations de résultat précisant l'origine des sommes dont la distribution est proposée ;
- rapport général et rapport spécial des commissaires aux comptes ;
- rapport éventuellement rédigé par les commissaires aux comptes lorsque la continuité de l'exploitation demeure compromise (art. L. 230-1, procédure d'alerte) ou, le cas échéant, à propos des documents financiers et prévisionnels à la charge des sociétés d'une certaine importance dans les conditions définies à l'article L. 340-2 (voir chapitre 26) ;
- texte des projets de résolutions ;
- nom, prénom, domicile, fonctions exercées par les administrateurs en exercice et par les candidats administrateurs ;
- montant global certifié exact par les commissaires aux comptes, des rémunérations versées aux dix ou cinq personnes les mieux rémunérées selon que la société compte plus ou moins de deux cents salariés ;
- liste des actionnaires.

(*) • L'assemblée générale ordinaire est réunie au moins une fois par an dans les six mois qui suivent la clôture de l'exercice, sous réserve de prolongation de ce délai par décision de justice (art. L. 157).

• Dans le mois qui suit l'approbation des comptes, doivent être déposés au greffe (SARL et sociétés par actions) :

- le rapport de gestion ;
- les comptes annuels ;
- le rapport général du commissaire aux comptes ;
- la proposition d'affectation du résultat soumise à l'assemblée et la résolution d'affectation votée.

Chapitre 14

SA - SARL : responsabilité civile des mandataires sociaux

1 Responsabilité civile résultant de la loi du 24 juillet 1966

La loi opère une distinction entre les organes de gestion et de direction (gérants, administrateurs, directeurs généraux, membres du directoire) et les organes de surveillance (membres du conseil de surveillance).

A. Gérant, président, administrateurs, directeurs généraux, membres du directoire (art. L. 52, L. 53, L. 244 à L. 249)

1) Fautes engageant leur responsabilité

Les administrateurs, les directeurs généraux, les membres du directoire, les gérants sont responsables individuellement :

- soit des infractions aux dispositions législatives ou réglementaires applicables aux sociétés à responsabilité limitée ou aux sociétés anonymes ;
- soit de la violation des statuts ;
- soit des fautes commises dans leur gestion.

2) Modalités d'exercice de l'action en responsabilité

Il existe deux types d'actions : l'action individuelle et l'action sociale.

Action individuelle	Action sociale
• Elle peut être intentée par toute personne qui subit un préjudice. • Les dommages et intérêts reviennent intégralement à l'intéressé et non à la société.	• Elle peut être intentée par (1) : - les représentants légaux de la société ; - tout associé agissant individuellement ; - un groupe d'associés, mais dans cette hypothèse, ils doivent représenter le vingtième du capital (SA) ou le dixième (SARL) (2) ; - les associations d'actionnaires dans les sociétés cotées (voir chapitre 13 § 1). • Les dommages et intérêts sont alloués à la société.

3) Prescription de l'action (art. L. 53, L. 249)

L'action se prescrit par trois ans :

- à compter du fait dommageable ;
- à compter de sa révélation, s'il a été dissimulé.

Lorsque le fait est qualifié crime, la prescription est de dix ans.

4) Apports en nature dans la SARL

- **À la constitution** (art. L. 40) : les associés sont solidairement responsables pendant cinq ans à l'égard des tiers de la valeur attribuée aux apports en nature.
- **Augmentation du capital** : le gérant et les personnes morales qui souscrivent à l'augmentation du capital par apport en nature sont solidairement responsables pendant cinq ans à l'égard des tiers de la valeur attribuée aux apports en nature.

  • Observation

  La responsabilité quinquennale est supprimée si les deux conditions suivantes sont réunies :

  – intervention d'un commissaire aux apports ;

  – la valeur retenue par les associés n'est pas différente de celle proposée par le commissaire aux apports.

B. Membres du conseil de surveillance (art. L. 250)

Les membres du conseil de surveillance sont responsables des fautes personnelles commises dans l'exécution de leur mandat. Ils n'encourent aucune responsabilité en raison des actes de la gestion et de leur résultat. Ils peuvent être déclarés civilement responsables des délits commis par les membres du directoire si, en ayant eu connaissance, ils ne les ont pas révélés à l'assemblée générale. Les dispositions des articles 246 (1) et 247 (prescription de l'action, voir ci-dessus) sont applicables (5).

2 Autres sources de responsabilité

Principalement :

- responsabilité fiscale ;
- responsabilité sociale (droit du travail, sécurité sociale ...) ;
- responsabilité pénale (3) ;
- responsabilité des dirigeants dans les procédures collectives (loi du 25 janvier 1985) :
- • comblement du passif (4) ;
- • faillite personnelle (art. 187 à 190) ;
- • extension du redressement judiciaire aux dirigeants (art. 182) ;
- • banqueroute (art. 187).

NOTES

(1) Action sociale : conditions d'exercice

Art. L. 246 - « Est réputée non écrite toute clause des statuts ayant pour effet de subordonner l'exercice de l'action sociale à l'avis préalable ou à l'autorisation de l'assemblée générale, ou qui comporterait par avance renonciation à l'exercice de cette action. Aucune décision de l'assemblée générale ne peut avoir pour effet d'éteindre une action en responsabilité contre les administrateurs pour faute commise dans l'accomplissement de leur mandat. »

(2) Action sociale : cas particulier des sociétés par actions dont le capital est supérieur à 5 000 000 F.

Le pourcentage de 5 % est modifié.

Dans les sociétés dont le capital est supérieur à 5 000 000 F, la fraction du capital dont les actionnaires doivent justifier est calculée en fonction d'un pourcentage dégressif, conformément au barème suivant (art. L. 245 et D. 200, al. 2) :

- 4 % pour les 5 premiers millions ;
- 2,5 % pour la tranche de capital comprise entre 5 millions et 50 millions de francs ;
- 1 % pour la tranche de capital comprise entre 50 millions et 100 millions de francs ;
- 0,50 % pour le surplus de capital.

(3) Principaux délits (loi du 24 juillet 1966 art. L. 425, L. 437)

- Publication, présentation de comptes annuels ne donnant pas une image fidèle.
- Distribution de dividendes fictifs.
- Abus de biens sociaux, abus de crédit.

(4) Action en comblement du passif

L'article 180 de la loi du 25 janvier 1985 est ainsi libellé :

« Lorsque le redressement judiciaire ou la liquidation judiciaire d'une personne morale fait apparaître une insuffisance d'actif, le tribunal peut, en cas de faute de gestion ayant contribué à cette insuffisance d'actif, décider que les dettes de la personne morale seront supportées, en tout ou en partie, avec ou sans solidarité, par tous les dirigeants de droit ou de fait, rémunérés ou non, ou par certains d'entre eux. ».

« L'action se prescrit par trois ans à compter du jugement qui arrête le plan de redressement ou, à défaut, du jugement qui prononce la liquidation judiciaire. »

« Les sommes versées par les dirigeants en application de l'alinéa 1er entrent dans le patrimoine du débiteur et sont affectées en cas de continuation de l'entreprise selon les modalités prévues par le plan d'appurement du passif. En cas de liquidation, ces sommes sont réparties entre tous les créanciers au marc le franc. »

(5) Redressement judiciaire : responsabilité des membres du conseil de surveillance

N'ayant pas la qualité de dirigeant, les membres du conseil de surveillance ne sont soumis ni à la faillite personnelle, ni aux interdictions et déchéances, ni à la contribution éventuelle au règlement de tout ou partie du passif, sauf s'ils se comportent comme dirigeants de fait.

Chapitre 15

Organes sociaux de la SA : règles de quorum et de majorité

1 Assemblées d'actionnaires

A. Convocation (AGO, AGE)

L'assemblée est convoquée par le conseil d'administration ou le directoire selon le cas.

À défaut, elle peut être convoquée :

- par les commissaires aux comptes ;
- par un mandataire désigné en justice, à la demande soit de tout intéressé en cas d'urgence, soit d'un ou plusieurs actionnaires représentant au moins le dixième du capital social ;
- par le liquidateur ;
- par les actionnaires devenus majoritaires à la suite d'une OPA, OPE ou d'une cession de bloc de contrôle. (loi du 2 août 1989).

Dans les SA à directoire, l'assemblée peut également être convoquée par le conseil de surveillance.

- **Observation**

- *L'ordre du jour est arrêté par l'auteur de la convocation ou l'autorité qui la décide (art. L. 160).*
- *Un ou plusieurs actionnaires, représentant au moins 5 % du capital, peuvent requérir l'inscription de projets de résolution à l'ordre du jour (art. L. 160). Des dispositions particulières existent lorsque le capital est supérieur à cinq millions de francs (art. D. 128).*
- *Toute assemblée irrégulièrement convoquée peut être annulée. Toutefois, l'action en nullité n'est pas recevable lorsque tous les actionnaires étaient présents ou représentés (art. L. 159).*

B. Quorum - Majorité (AGO, AGE)

La validité d'une assemblée est subordonnée à la présence ou la représentation d'actionnaires possédant un nombre minimum d'actions.

Si le quorum est atteint, l'assemblée peut délibérer.

Le droit de vote et un attribut essentiel de l'action. Seuls les actionnaires jouissent de ce droit. Ils ne peuvent en être dépouillés que dans les cas prévus par la loi (voir chapitre 21, renvoi 1).

Le droit de vote appartient à l'usufruitier dans les AGO, aux nus-propriétaires dans les AGE, sauf clauses statutaires contraires (art. L. 163).

	Quorum	**Majorité**
AGO (*)	• Sur première convocation : un quart des actions ayant droit de vote. • Sur deuxième convocation : aucun quorum n'est exigé.	Majorité des voix dont disposent les actionnaires présents ou représentés (a). (a) Le nombre de voix est proportionnel au capital représenté (***).
AGE (**)	• Sur première convocation : le tiers des actions ayant droit de vote. • Sur deuxième convocation : le quart des actions ayant droit de vote. Si ce dernier quorum n'est pas atteint, la deuxième assemblée peut être reportée à une date qui ne peut être postérieure de plus de deux mois à celle à laquelle elle avait été convoquée ; pour cette assemblée prorogée, le quorum du quart est à nouveau exigé (art. L. 153, alinéa 2).	Deux tiers des voix dont disposent les actionnaires présents ou représentés (b). (b) Le nombre de voix est proportionnel au capital représenté (***).

(*) Limitation du droit d'accès à l'AGO

• Les statuts peuvent exiger un nombre minimal d'actions, sans que celui-ci puisse être supérieur à dix, pour ouvrir le droit de participer aux assemblées générales ordinaires ; en pareille hypothèse, plusieurs actionnaires peuvent se réunir pour atteindre le minimum prévu par les statuts et se faire représenter par l'un d'eux ou par le conjoint de l'un d'eux (art. L. 165).

(**) Particularités

• Transformation en société en nom collectif : tous les actionnaires doivent donner leur accord (art. L. 238, al. 1).

• Transformation en société en commandite simple ou par actions : majorité des deux tiers et accord unanime des futurs associés commandités (art. L. 238, al. 2).

• Transformation en société à responsabilité limitée : majorité des trois quarts du capital social (art. L. 238, al. 3).

• Augmentation du capital par incorporation de réserves ou primes d'émission : conditions de quorum et de majorité des AGO (art. L. 180, al. 2).

• Augmentation du capital par apport en numéraire, par élévation de la valeur nominale de l'action : unanimité (art. L. 178, al. 1).

• Augmentation de l'engagement des actionnaires : unanimité.

• Transfert du siège social dans le même département ou dans un département limitrophe : compétence du CA ou du CS, ratification par la plus prochaine AGO (art. L. 99, L. 125).

(***) L'action de 100 F : une voix ; l'action de 200 F : deux voix.

- **Observations**

– Délais de convocation

Sur première convocation : au moins quinze jours avant l'assemblée.

Sur deuxième convocation : au moins six jours avant l'assemblée.

– Forme de la convocation

En principe, les actionnaires sont informés par un avis dans un journal d'annonces légales (et un avis au BALO pour les sociétés faisant publiquement appel à l'épargne).

Si toutes les actions sont nominatives, ces insertions peuvent être remplacées par une simple lettre adressée à chaque actionnaire.

– Représentation

Un actionnaire peut se faire représenter par un autre actionnaire ou par son conjoint (1).

Le mandat est donné pour une seule assemblée. Il peut être cependant donné pour deux assemblées, l'une ordinaire, l'autre extraordinaire, tenues le même jour ou dans un délai de quinze jours.

– Assemblée générale constitutive et assemblée spéciale d'actionnaires

Elles statuent aux conditions de quorum et de majorité des AGE.

2 Organes de direction, d'administration, de surveillance

A. Convocation

Les statuts déterminent les règles de convocation du conseil d'administration (2), du conseil de surveillance (2), du directoire.

B. Quorum, majorité

Conseil d'administration (art. L. 100)
1) Quorum La moitié de ses membres doivent être présents, toute clause contraire étant réputée non écrite. ***2) Majorité*** Les décisions sont prises à la majorité des membres présents ou représentés (3) ; les statuts peuvent prévoir une majorité plus forte. En cas de partage des voix, celle du président de séance est prépondérante, sauf disposition contraire des statuts.
Conseil de surveillance (art. L. 139)
Les dispositions sont identiques à celles énoncées pour le conseil d'administration, (toutefois, l'article L. 139 ne précise pas pour le quorum que toute clause contraire est réputée non écrite).
Directoire (art. L. 124)
Le directoire délibère et prend ses décisions dans les conditions fixées par les statuts.

NOTES

(1) Représentation aux assemblées (art. L. 161)

Le droit de se faire représenter est d'ordre public.

Choix du mandataire	Régime des pouvoirs en blanc	Conditions d'exercice	Révocation du mandat
• Représentation uniquement : - par un autre actionnaire ; - par son conjoint quel que soit le régime matrimonial. Il est interdit de limiter le nombre des mandats	• Le président de l'assemblée émet les votes afférents aux pouvoirs en blanc : - favorable : projet présenté ou agréé par le conseil d'administration ou le directoire ; - défavorable pour tous les autres.	• Mandat permanent prohibé. • Exécution personnelle de la mission de représentant.	• Toujours révocable, mais notification à la société.

(2) Cas particuliers

Les administrateurs constituant au moins le tiers des membres du conseil d'administration peuvent, en indiquant l'ordre du jour de la séance, convoquer le conseil, si celui-ci ne s'est pas réuni depuis plus de deux mois (art. D. 83, al. 2).

Le président du conseil de surveillance doit convoquer le conseil à une date qui ne peut être postérieure à quinze jours lorsqu'un membre au moins du directoire ou le tiers des membres du conseil de surveillance lui présente une demande motivée en ce sens ; si la demande reste sans suite, ses auteurs peuvent procéder eux-mêmes à la convocation en indiquant l'ordre du jour de la séance (art. D. 107).

(3) Sauf clause contraire des status, un administrateur peut donner mandat à un autre administrateur de le représenter à une séance du conseil d'administration. Chaque administrateur disposer, au cours d'une séance, que d'une seule procuration.

Chapitre 16

Organes sociaux de la SA : pouvoirs respectifs

NB = Participat° & Δ de vote des Admrs ou membr. du CS par visioconférence possible (si prévus ds statuts selon les modalités énoncées ~~par~~ ds le Décret NRE 16/5/01)

1 Assemblées d'actionnaires

A. Assemblée générale ordinaire

Sont du domaine de l'assemblée générale ordinaire :

- l'approbation des comptes (art. L. 347) et l'affectation de résultats (art. L. 346) ;
- la nomination définitive des administrateurs (art. L. 90), étant observé que les premiers administrateurs sont nommés dans les statuts lorsque la société ne fait pas publiquement appel à l'épargne et par l'assemblée constitutive dans le cas contraire (même principe pour les membres du conseil de surveillance - voir chapitre 10) ;
- la révocation des administrateurs (art. L. 90) (même principe pour les membres du conseil de surveillance - voir chapitre 10) ;
- la révocation des membres du directoire (voir chapitre 10) ;
- la fixation des jetons de présence alloués aux administrateurs art. L. 108) (même principe pour les membres du conseil de surveillance - voir chapitre 12) ;
- la nomination des commissaires aux comptes, sauf cas de mandat conféré par justice (art. L. 223) étant rappelé que les premiers commissaires sont nommés, suivant le cas, dans les statuts ou par l'assemblée constitutive (voir chapitre 24) ;
- l'approbation des conventions réglementées et la couverture des nullités encourues en cette matière (art. L. 103, 105 et articles L. 143, 147 - voir chapitre 11) ;
- l'autorisation d'intervenir en bourse sur les actions de la société pour en régulariser les cours (art. L. 217-2) ;
- la ratification du transfert du siège social dans le même département ou dans un département limitrophe lorsqu'il a été décidé par le conseil d'administration (art. L. 99) ou le conseil de surveillance (art. L. 125) ;
- la décision ou l'autorisation d'émettre des obligations autres que des obligations convertibles ou échangeables (art. L. 286) ;

– l'acquisition par la société dans les deux ans de son immatriculation au registre du commerce et des sociétés, de biens appartenant à des actionnaires (art. L. 157-1 - voir chapitre 25).

B. Assemblée générale extraordinaire

Sont du domaine de l'assemblée générale extraordinaire toutes les décisions modifiant explicitement ou implicitement les statuts (art. L. 154).

Toutefois, comme indiqué ci-dessus, c'est l'assemblée générale ordinaire qui a compétence pour ratifier le transfert du siège décidé par le conseil (transfert dans le même département ou dans un autre département limitrophe).

C. Autres assemblées

1) Assemblée générale constitutive

Elle se réunit lors de la constitution de la SA faisant appel public à l'épargne.

Elle a pour mission :

– de constater que le capital est entièrement souscrit et que les actions sont libérées du montant exigible ;

– de statuer, le cas échéant, sur l'évaluation des apports en nature et l'octroi des avantages particuliers ;

– d'adopter les statuts, étant précisé que, à la condition de statuer à l'unanimité des souscripteurs, l'assemblée peut modifier le projet des statuts ;

– de nommer les organes sociaux (administrateurs ou membres du conseil de surveillance, commissaire aux comptes) et constater, s'il y a lieu, leur acceptation ; + s/ proposit. du DG, le CA peut nommer 5 DG Délégués maxi pr assister le DG.

– d'approuver les actes passés par les fondateurs pour le compte de la société en formation ;

– de donner, le cas échéant, mandat à une ou plusieurs des personnes désignées en qualité de premiers membres du conseil d'administration ou du conseil de surveillance, de prendre des engagements pour le compte de la société.

Sous réserve que ces engagements soient déterminés et que leurs modalités soient précisées dans le mandat, l'immatriculation de la société au registre du commerce emportera leur reprise par ladite société (art. D. 67, al. 4).

2) Assemblées spéciales d'actionnaires

Les assemblées spéciales réunissent les titulaires d'actions d'une catégorie déterminée. Elles sont appelées à statuer lorsqu'une décision de l'assemblée générale extraordinaire modifie les droits attachés à une catégorie d'actions.

Cette décision ne devient définitive qu'après l'approbation par l'assemblée spéciale des actionnaires de la catégories visée.

Des dispositions particulières s'appliquent aux assemblées des actionnaires à dividende prioritaire sans droit de vote (art. L. 269-4).

2 Organes de direction, d'administration, de surveillance

A. Président du conseil d'administration, directeurs généraux

Le président, les directeurs généraux sont investis des pouvoirs les plus étendus pour agir en toute circonstance au nom de la société à l'exclusion des pouvoirs que la loi attribue expressément aux assemblées d'actionnaires et au conseil d'administration.

Président (L. 113)	**Directeurs généraux** (L. 117)
Le président assure, sous sa responsabilité, la direction générale de la société. Il représente la société dans ses rapports avec les tiers.	En accord avec son président, le conseil détermine l'étendue et la durée des pouvoirs délégués aux directeurs généraux.

• Observations : pouvoirs à l'égard des tiers

- *Dans les rapports avec les tiers, la société est engagée même par les actes du président du conseil d'administration qui ne relèvent pas de l'objet social, à moins qu'elle ne prouve que les tiers savaient que l'acte dépassait cet objet ou qu'ils ne pouvaient l'ignorer compte tenu des circonstances, étant exclu que la seule publication des statuts suffise à constituer cette preuve.*
- *Les dispositions des statuts ou les décisions du conseil d'administration limitant ces pouvoirs sont inopposables aux tiers.*
- *Les directeurs généraux disposent, à l'égard des tiers, des mêmes pouvoirs que le président.*
- *Le directeur général d'une SA a le pouvoir d'ester en justice au nom de la société, au même titre que le président du conseil d'administration (Cass. As. plénière, 18 novembre 1994).*

B. Conseil d'administration

△ Δ d'info individuelle de Admrs.

1) Attributions légales

- Convocation des assemblées générales (art. L. 158).
- Établissement des comptes annuels, du rapport de gestion (divers documents comptables, article L. 340 et suivants).
- Cooptation d'administrateurs (art. L. 94).
- Nomination et révocation du président du conseil d'administration et des directeurs généraux et fixation de leur rémunération (art. L. 110, 115, 116, 117).
- Nomination des membres des comités d'études (art. D. 90).
- Répartition des jetons de présence (art. L. 108).
- Transfert du siège social dans le même département ou dans un département limitrophe, ratification de la décision par la plus prochaine assemblée générale ordinaire (art. L. 99).

– Autorisation des cautions, avals garanties données par la société au profit de tiers dans les conditions des articles L. 98 et D. 89 (1).

– Réalisation des augmentations et réduction du capital sur délégation de l'assemblée générale extraordinaire (art. L. 180 et 215).

– Réalisation de l'augmentation de capital résultant de la conversion d'obligations convertibles à tout moment (art. L. 196-1), de l'utilisation de bons de souscription attachés aux obligations avec bons (art. L. 194-6).

– Paiement des dividendes en actions (art. L. 353, al. 2).

2) Pouvoirs dans les rapports avec les tiers

Dans les rapports avec les tiers, la société est engagée même par les actes du conseil d'administration qui ne relèvent pas de l'objet social, à moins qu'elle ne prouve que les tiers savaient que l'acte dépassait cet objet ou qu'ils ne pouvaient l'ignorer compte tenu des circonstances, étant exclu que la seule publication des statuts suffise à constituer cette preuve.

Les clauses statutaires limitant les pouvoirs du conseil d'administration sont inopposables au tiers.

C. Conseil de surveillance

Le conseil de surveillance tient de la loi certaines attributions précises :

– nomination des membres du directoire et fixation de leur rémunération ;

– choix du président du directoire ;

– proposition à l'assemblée en vue de la révocation des membres du directoire ;

– attribution du pouvoir de représentation à un ou plusieurs membres du directoire ou du conseil de surveillance ;

– nomination des membres de commissions ;

– répartition des jetons de présence ;

– transfert du siège social dans le même département ou dans un département limitrophe (dans les mêmes conditions que celles énoncées pour le conseil d'administration) ;

– autorisation des cautions, avals, garanties (dans les mêmes conditions que celles énoncées pour le conseil d'administration) (1) ;

– autorisation préalable pour (2) :

  - les cessions d'immeubles par nature ;
  - la cession totale ou partielle de participations ;
  - la constitution de sûretés.

Le conseil de surveillance exerce un contrôle permanent de la gestion de la société par le directoire.

À toute époque de l'année, le conseil de surveillance opère les vérifications et le contrôle qu'il juge opportuns et peut se faire communiquer les documents qu'il estime utiles à l'accomplissement de sa mission.

Une fois par trimestre au moins, le directoire présente un rapport au conseil de surveillance.

D. Directoire et président du directoire

1) Attributions légales

Le directoire est investi des pouvoirs les plus étendus pour agir en toute circonstance au nom de la société ; il les exerce dans la limite de l'objet social et sous réserve de ceux expressément attribués par la loi au conseil de surveillance et aux assemblées d'actionnaires.

Les statuts peuvent subordonner à l'autorisation préalable du conseil de surveillance la conclusion des opérations qu'ils énumèrent (3).

2) Pouvoirs dans les rapports avec les tiers

a) Directoire

Dans les rapports avec les tiers, la société est engagée même par les actes du directoire qui ne relèvent pas de l'objet social, à moins qu'elle ne prouve que les tiers savaient que l'acte dépassait cet objet ou qu'ils ne pouvaient l'ignorer compte tenu des circonstances, étant exclu que la seule publication des statuts suffise à constituer cette preuve.

Les dispositions des statuts limitant les pouvoirs du directoire sont inopposables aux tiers.

b) Président du directoire et directeurs généraux

Le président du directoire ou, le cas échéant, le directeur général unique représente la société dans ses rapports avec les tiers.

Toutefois, les statuts peuvent habiliter le conseil de surveillance à attribuer le même pouvoir de représentation à un ou plusieurs autres membres du directoire qui portent alors le titre de directeur général.

Les dispositions des statuts limitant le pouvoir de représentation de la société sont inopposables aux tiers.

NOTES

(1) Cautions, avals, garanties données par la société au profit de tiers

SA à conseil d'administration

(art. L. 98, D. 89)

Les cautions, avals et garanties données par des sociétés autres que celles exploitant des établissements bancaires ou financiers doivent être autorisés par le conseil.

Conditions de l'autorisation

Le conseil d'administration peut, dans la limite d'un montant total qu'il fixe, autoriser le président à donner des cautions, avals ou garanties au nom de la société. Cette autorisation peut également fixer, par engagement, un montant au delà duquel la caution, l'aval ou la garantie de la société ne peut être donnée. Lorsqu'un engagement dépasse l'un ou l'autre des montants ainsi fixés, l'autorisation du conseil d'administration est requise dans chaque cas.

La durée des autorisations ne peut pas être supérieure à un an, quelle que soit la durée des engagements cautionnés, avalisés ou garantis.

Toutefois, le président du conseil d'administration peut être autorisé à donner, à l'égard des administrations fiscales et douanières, des cautions, avals ou garanties au nom de la société, sans limite de montant.

Le président du conseil d'administration peut à son tour déléguer le pouvoir qu'il a reçu.

Sanctions

Absence d'autorisation du conseil.

L'engagement n'est pas opposable à la société.

Dépassement des limites fixées par le conseil

Si les cautions, avals ou garanties ont été données pour un montant total supérieur à la limite (globale) fixée pour la période en cours, le dépassement ne peut pas être opposé aux tiers qui n'en ont pas eu connaissance, à moins que le montant de l'engagement invoqué n'excède à lui seul l'une des limites (globales ou particulière) fixées par la décision du conseil d'administration (art. D. 89, al. 5).

Dépassement du délai d'un an

Selon la Cour d'appel d'Aix (arrêt du 31 janvier 1979), le cautionnement accordé par le président plus d'un an après qu'il ait été autorisé par le conseil n'est pas frappé de nullité, la violation de l'article D. 89 n'entrant pas dans le champ d'application de l'article L. 360, alinéa 2.

SA à directoire et conseil de surveillance (art. L. 128 et D. 113)

Le conseil de surveillance autorise les cautions, avals ou garanties dans les mêmes conditions que celles énoncées ci-dessus pour le conseil d'administration.

(2) Depuis la loi du 5 janvier 1988, l'autorisation du conseil de surveillance est requise :

- la cession d'immeuble par nature ;
- la cession totale ou partielle des participations ;
- la constitution de sûretés.

Le décret du 22 avril 1988 a apporté les précisions suivantes :

- le conseil de surveillance peut, dans la limite d'un montant qu'il fixe pour chaque opération, autoriser le directoire à céder des immeubles par nature, à céder totalement ou partiellement des participations et à constituer des sûretés. Lorsqu'une opération dépasse le montant ainsi fixé, l'autorisation du conseil de surveillance est requise dans chaque cas ;
- le directoire peut déléguer le pouvoir qu'il a reçu en application de l'alinéa précédent.

(3) Les statuts peuvent subordonner à l'autorisation préalable du conseil de surveillance la conclusion des opérations qu'ils énumèrent, mais ces restrictions statutaires sont inopposables aux tiers.

Si le conseil de surveillance refuse son autorisation, le directoire peut saisir l'assemblée générale qui décide de la suite à donner au projet.

La limitation des pouvoirs du directoire ne saurait aller cependant jusqu'à une suppression totale de ses pouvoirs de gestion. Elle ne peut porter que sur quelques décisions importantes.

Chapitre 17

Transformation de la SARL en SA

⚠ Transformat° en sté par act° = Désignat° d'1 CAF obligatoire en cas de transfo. d'1 sté autre q. par act° en SAS ou SCA. Par Ctre pas de CAF pr 1 transfo. d'1 sté par act° en 1 autre forme de sté /act°.

1 Rappel des textes

1) Dispositions générales (art. L. 5)

La transformation régulière d'une société n'entraîne pas la création d'une personne morale nouvelle.

2) Conditions de la transformation d'une SARL (art. L. 69)

La transformation d'une société à responsabilité limitée en société en nom collectif, en commandite simple ou en commandite par actions, exige l'accord unanime des associés.

La transformation en société anonyme est décidée, à la majorité requise pour la modification des statuts. Toutefois, la transformation en société anonyme peut être décidée par des associés représentant la majorité des parts sociales si les capitaux propres figurant au dernier bilan excèdent cinq millions de francs.

La décision est précédée du rapport d'un commissaire aux comptes inscrit, sur la situation de la société.

Toute transformation effectuée en violation des règles du présent article est nulle.

3) Transformation d'une société en SA (art. L. 72-1 et D. 56-1)

Art. L. 72-1 – En cas de transformation en société anonyme d'une société d'une autre forme, un ou plusieurs commissaires à la transformation, chargés d'apprécier sous leur responsabilité la valeur des biens composant l'actif social et les avantages particuliers, sont désignés par décision de justice à la demande des dirigeants sociaux ou de l'un d'eux.

Ils peuvent être chargés de l'établissement du rapport sur la situation de la société mentionné au troisième alinéa de l'article 69. Dans ce cas, il n'est rédigé qu'un seul rapport. Ces commissaires sont soumis aux incompatibilités prévues à l'article 220. Le rapport est tenu à la disposition des associés. Une décision unanime des associés peut désigner le commissaire à la transformation.

Les associés statuent sur l'évaluation des biens et l'octroi des avantages particuliers ; ils ne peuvent les réduire qu'à l'unanimité.

À défaut d'approbation expresse des associés mentionnée au procès-verbal, la transformation est nulle.

D. 56-1 – En cas de transformation en société anonyme d'une société d'une autre forme, les commissaires visés à l'article L. 72-1 de la loi sur les sociétés commerciales sont désignés et accomplissent leur mission dans les conditions prévues à l'article 64.

Le rapport des commissaires doit attester que le montant des capitaux propres est au moins égal au capital social. Il est tenu au siège social à la disposition des associés huit jours au moins avant la date de l'assemblée appelée à statuer sur la transformation(*). En cas de consultation écrite, le texte du rapport doit être adressé à chacun des associés et joint au texte des résolutions proposées.

(*)Le rapport est en outre déposé au greffe du tribunal de commerce huit jours au moins avant la date de l'assemblée. En cas de consultation écrite, il doit aussi être déposé au greffe huit jours au moins avant la date limite prévue pour la réponse des associés (art. 49 du décret 84-406 du 31 mai 1984).

2 Processus de l'opération

Il y a trois phases essentielles :
- les conditions préalables à respecter ;
- les décisions à prendre ;
- les formalités postérieures.

Conditions préalables à respecter

1) Intervention de commissaires

• ***Rapport d'un commissaire aux comptes sur la situation***

(art. L. 69).

• ***Rapport du commissaire à la transformation***

(art. L. 72-1). Il doit notamment attester que le montant des capitaux propres est au moins égal au capital.

Un même commissaire aux comptes peut accomplir les deux missions. Notamment, le commissaire aux comptes de la société peut être désigné commissaire à la transformation, mais à l'unanimité des associés (voir l'article L. 72-1 ci-dessus).

2) Autres conditions

La SARL doit respecter les caractéristiques essentielles de la SA, notamment :
- capital minimum 250 000 F (*)
- nombre d'associés minimum : 7 ;
- objet de la SARL licite en SA(**)

(*) Si le capital de la SARL est inférieur au minimum légal de la SA (soit 250 000 F), il y aura lieu préalablement à la transformation d'augmenter le capital. Si l'augmentation s'effectuait par voie d'apport en numéraire, les parts sociales devraient être intégralement libérées. En effet, la libération partielle des actions est une règle propre aux sociétés par actions (art. L. 75 et L. 191).

(**) Par exemple, l'exploitation d'une officine de pharmacie est possible en SNC ou en SARL, mais ne l'est pas en SA.

Décisions à prendre

1) Décision collective : résolutions à prendre

• Approbation de l'évaluation

Avant de décider la transformation en société anonyme, les associés devront approuver expressément le rapport du commissaire chargé d'apprécier la valeur des biens composant l'actif social et les avantages particuliers (art. L. 72-1)(*).

• Décision de transformation en SA.

La transformation en société anonyme doit, en règle générale, être décidée à la majorité des trois quarts des parts sociales. Toutefois, si le montant des capitaux propres de la société excède 5 000 000 F, la transformation peut être décidée par des associés représentant seulement la majorité des parts sociales (art. L. 69).

• Adoption des statuts et constatation de la répartition des actions(**).

• Nomination des premiers administrateurs et des premiers membres du conseil de surveillance(***).

• Nomination des commissaires aux comptes titulaires et suppléants, pour six exercices (si la SARL n'était pas dotée de commissaires aux comptes, avant la transformation).

2) Réunion du premier conseil d'administration ou du premier conseil de surveillance

Conseil d'administration	Conseil de surveillance
• Nomination du président et, le cas échéant, nomination de directeurs généraux, sur proposition du président.	• Nomination du président, du vice-président du conseil de surveillance. • Nomination des membres du directoire et du président du directoire.

(*) En l'absence de précisions légales concernant les conditions de majorité de cette approbation et dès lors que cette dernière n'entraîne pas modification des statuts, il semble que la majorité à retenir doit être celle des décisions ordinaires, soit plus de la moitié des parts sociales. L'approbation expresse des associés doit être mentionnée dans le procès-verbal de l'assemblée générale, à défaut de quoi la transformation serait nulle (art. L. 72-1).

On notera toutefois que les associés ne peuvent réduire l'évaluation qu'à l'unanimité (art. L. 72-1).

(**) Le conjoint commun en biens qui n'a pas demandé, avant la transformation, que la moitié des parts sociales communes inscrites au nom de son époux (ou de son épouse) lui soit attribuée ne peut pas prétendre exercer ce droit sur les actions remplaçant ces parts.

(***) Sauf clause contraire des statuts, la durée des fonctions des premiers administrateurs ou des premiers membres du conseil de surveillance est de six années.

Formalités postérieures

Voir chapitre 18 : Transformation de la SA en SARL.

3 Examen de points spécifiques

A. Existence des parts représentatives d'apport en industrie

La transformation de la société à responsabilité limitée en société anonyme entraîne l'exclusion de l'apporteur en industrie puisque ce dernier ne peut pas se voir attribuer des actions (art. L. 75, al. 4). Dès lors, elle nécessite, au préalable, la liquidation des droits de l'intéressé et ne peut intervenir sans l'accord de celui-ci.

B. Conséquences de la transformation pour le commissaire aux comptes

Si la SARL était dotée d'un commissaire aux comptes, la transformation en SA, ne met pas fin au mandat.

C. Existence d'un comité d'entreprise

Il doit être consulté préalablement à la transformation dans les conditions de l'article 432-1, al. 4 du Code de travail.

D. La société est propriétaire d'immeubles

Lorsque la société est propriétaire d'immeubles, mention de la transformation doit être signalée à la conservation des hypothèques.

Chapitre 18

Transformation de la SA en SARL

1 Rappel des textes

1) Dispositions générales (art. L. 5)

« La transformation régulière d'une société n'entraîne pas la création d'une personne morale nouvelle».

2) Conditions de transformation de la SA (art. L. 236, L. 237, L. 238)

Art. L. 236 – « Toute société anonyme peut se transformer en une société d'une autre forme si, au moment de la transformation, elle a au moins deux ans d'existence et a fait approuver par les actionnaires le bilan de ses deux derniers exercices».

Art. L. 237, al. 1 – « La décision de transformation est prise sur le rapport des commissaires aux comptes de la société. Le rapport atteste que les capitaux propres sont au moins égaux au capital social».

Al. 2 – « La transformation est soumise, le cas échéant, à l'approbation des assemblées d'obligataires et de l'assemblée des porteurs de parts bénéficiaires ou de parts de fondateurs».

Al. 3 – « La décision de transformation est soumise à publicité, dont les modalités sont fixées par décret».

Art. L. 238, al. 1 – « La transformation en société en nom collectif nécessite l'accord de tous les associés. En ce cas, les conditions prévues aux articles 236 et 237, alinéa 1er ne sont pas exigées».

Al. 2 – « La transformation en société en commandite simple ou par actions est décidée dans les conditions prévues pour la modification des statuts et avec l'accord de tous les associés qui acceptent d'être associés commandités».

Al. 3 – « La transformation en société à responsabilité limitée est décidée dans les conditions prévues pour la modification des statuts des sociétés de cette forme».

Art. D. 196 - La transformation de la société est publiée dans les conditions prévues au cas de modification des statuts.

2 Processus de l'opération

Il y a trois phases essentielles :

– les conditions préalables à respecter,

– les décisions à prendre,

– les formalités postérieures.

A. Conditions préalables à respecter

1) Bilans des deux premiers exercices établis et approuvés et deux ans d'existence.

2) Rapport du commissaire aux comptes.

Le commissaire aux comptes doit attester que le montant des capitaux propres est au moins égal au capital(*).

3) Autres conditions : la SA doit respecter les caractéristiques de la SARL :

– capital minimum de 50 000 F, capital intégralement libéré(**) ;

– nombre d'actionnaires non supérieur à cinquante (car le nombre d'associés de la SARL ne peut excéder cinquante (art. L. 36) ;

– objet de la SA licite en SARL(***) ;

– toutes les actions doivent avoir la même valeur nominale (car toutes les parts sociales de la SARL doivent être égales).

(*) Cette condition est impérative. La transformation est impossible si le montant des capitaux propres est inférieur au capital. Si le capital est entamé, la transformation devra être précédée d'une réduction de capital (encore faut-il que le capital ne devienne pas inférieur à 50 000 F).

(**) Pour respecter cette condition, la société pourra réduire son capital de la fraction qui n'est pas appelée.

(***) Par exemple, les activités suivantes possibles en SA sont interdites en SARL : entreprise d'assurances, de capitalisation et d'épargne, société immobilière d'investissement, banque...

B. Décisions à prendre

La décision de transformation d'une société anonyme en SARL doit notamment :

– 1) constater que les capitaux propres sont au moins égaux au capital social en se référant au rapport spécial du commissaire aux comptes ;
– 2) Constater la répartition et la libération intégrale des parts sociales ;
– 3) établir les nouveaux statuts ;
– 4) nommer le ou les gérants.

On rappellera qu'aux termes de l'article L. 238, la transformation de la SA en SARL est décidée dans les conditions prévues pour la modification des statuts des sociétés de cette forme, à savoir : décision des actionnaires représentant les trois quarts du capital.

C. Formalités postérieures

Indépendamment de la formalité fiscale (obligatoire) de l'enregistrement, la transformation en SARL ne deviendra opposable aux tiers qu'après :

– 1) insertion dans un journal habilité à recevoir les annonces légales pour le département du siège social ;
– 2) dépôt au greffe du tribunal de commerce de deux exemplaires du procès-verbal de l'assemblée ayant décidé la transformation, du procès-verbal de la décision ayant désigné les membres des nouveaux organes sociaux, des nouveaux statuts ;
– 3) inscription modificative au registre du commerce et des sociétés du lieu du siège social et, éventuellement, des succursales ;
– 4) insertion dans le bulletin officiel des annonces civiles et commerciales (BODACC).

3 Examen de points spécifiques

1) Existence d'un comité d'entreprise

Il doit être consulté préalablement à la transformation dans les conditions de l'article 432-1, al. 4 Code du travail.

2) Existence d'un emprunt obligataire

La transformation est soumise à l'approbation des assemblées d'obligataires. La société peut passer outre en offrant de rembourser les obligataires qui en font la demande.

3) Existence de certificats de droit de vote, de certificats d'investissement

Pour le cas où la société anonyme a émis des certificats d'investissement et des certificats de droit de vote, il convient de procéder à leur regroupement (la division des parts sociales des SARL en droits pécuniaires et en autres droits n'étant pas possible). Il faudra obtenir l'accord unanime de tous les porteurs des certificats, l'action ne pouvant être reconstituée que si le certificat d'investissement et le certificat de droit de vote se trouvent entre les mêmes mains ; mais la reconstitution de l'action doit être opérée préalablement à la transformation.

4) Conséquences de la transformation sur le mandat du commissaire aux comptes. Deux cas doivent être distingués.

1er cas. La SARL n'atteint pas les seuils fixés pour la désignation d'un commissaire aux comptes, à savoir dépassement à la clôture d'un exercice de deux des trois seuils suivants :

- total du bilan : > 10 000 000 F,
- chiffres d'affaire (H.T.) : > 20 000 000 F,
- effectif moyen à la fin de chaque trimestre de l'exercice : > 50 salariés.

La transformation met fin au mandat du commissaire aux comptes.

2e cas. La SARL atteint les seuils. La commission des études juridiques de la Compagnie nationale des commissaires aux comptes estime que, dans ce cas, la transformation ne met pas fin au mandat du commissaire aux comptes.

5) La société est propriétaire d'immeubles

Lorsque la société est propriétaire d'immeubles, mention de la transformation doit être signalée à la conservation des hypothèques.

Chapitre 19

SA : augmentation du capital

1 Augmentation du capital par apport en numéraire

Trois principes essentiels :

- le capital ancien doit être intégralement libéré avant toute émission d'actions nouvelles à libérer en numéraire (art. L. 182) ;
- les actionnaires ont, proportionnellement au montant de leurs actions, un droit préférentiel de souscription aux actions nouvelles (art. L. 183) ;
- l'assemblée qui décide ou autorise l'opération peut supprimer le droit préférentiel de souscription (art. L. 186).

Les développements qui suivent font abstraction des SA faisant appel public à l'épargne.

A. Augmentation par apport en numéraire avec suppression du droit préférentiel de souscription

Conditions juridiques
Art. L. 182 - Le capital doit être intégralement libéré avant toute émission d'actions nouvelles à libérer en numéraire. **Art. L. 186** (et suivants) - Compétence de l'AGE(*) pour décider de l'augmentation de capital avec suppression du droit préférentiel de souscription en faveur d'une ou plusieurs personnes. Elle statue au vu de deux rapports : – rapport du conseil d'administration ou du directoire (art. D. 154, D. 155) (1) ; – rapport du commissaire aux comptes (art. D. 155) (2).
Procédure à suivre
1) Réunion du conseil d'administration ou du directoire à l'effet notamment d'arrêter le projet d'augmentation de capital par apport en numéraire avec suppression du droit préférentiel de souscription (1). ***2) Communication du projet au commissaire aux comptes.*** ***3) Rapport spécial du commissaire aux comptes.*** Le rapport doit être déposé au siège social au moins quinze jours avant l'AGE (2).

4) AGE

- Décision d'augmentation du capital par apport en numéraire avec suppression du droit préférentiel de souscription (en faveur d'une ou plusieurs personnes). L'assemblée, à peine de nullité de l'opération, statue au vu des rapports du commissaire aux comptes, du conseil d'administration ou du directoire. Les bénéficiaires de l'opération sont privés du droit de vote, leurs actions étant décomptées pour le calcul de la majorité.
- Délégation au conseil d'administration ou au directoire pour réaliser l'opération (3) et modifier en conséquence les statuts.

5) Réalisation

- Souscription : constatée par des bulletins de souscription dans les conditions de l'article L. 190.
- Libération : au minimum du quart de la valeur nominale à la souscription et la totalité de la prime d'émission, le reste dans les cinq ans qui suivent le certificat du dépositaire.
- Dépôt des fonds chez un notaire, dans une banque ou à la Caisse des dépôts et consignations.
- Certificat du dépositaire.

• Les souscriptions et les versements sont constatés par un certificat du dépositaire établi, au moment du dépôt des fonds, sur présentation des bulletins de souscription (L. 192).

• L'augmentation de capital est réalisée à la date du certificat remis par le dépositaire (art. D. 167).

• Le retrait des fonds provenant des souscriptions en numéraire peut être effectué par un mandataire de la société après l'établissement du certificat du dépositaire (art. L. 192).

- Modification des statuts par le conseil d'administration ou le directoire, sur délégation de l'AGE

6) Formalités postérieures à la réalisation

- Enregistrement.
- Insertion dans un journal d'annonces légales.
- Dépôt d'actes au greffe.
- Inscription modificative au RCS.
- Insertion au BODACC à diligence du greffier.

---

(1) Mentions dans le rapport du conseil d'administration ou du directoire

Dispositions applicables à toutes les augmentations de capital (art. D. 154)

Le conseil d'administration ou le directoire, selon le cas, donne, dans le rapport prévu à l'article 180, alinéa 1er, de la loi sur les sociétés commerciales, toutes indications utiles sur les motifs de l'augmentation du capital proposée ainsi que sur la marche des affaires sociales depuis le début de l'exercice en cours et, si l'assemblée générale ordinaire appelée à statuer sur les comptes n'a pas encore été tenue, pendant l'exercice précédent.

Dispositions relatives à la suppression du droit préférentiel de souscription(art. D. 155-1)

Le rapport du conseil d'administration ou du directoire prévu à l'article 186 de la loi sur les sociétés commerciales indique le montant maximal et les motifs de l'augmentation de capital proposée, ainsi que les motifs de la proposition de suppression du droit préférentiel de souscription.

Lorsque l'assemblée fixe elle-même toutes les modalités de l'augmentation de capital, le rapport mentionné à l'article 155 indique également l'incidence sur la situation de l'actionnaire de l'émission proposée, en particulier en ce qui concerne sa quote-part des capitaux propres à la clôture du dernier exercice. Si la clôture est antérieure de plus de six mois à l'opération envisagée, cette incidence est appréciée au vu d'une situation financière intermédiaire établie selon les mêmes méthodes et suivant la même présentation que le dernier bilan annuel.

(2) Mission du commissaire aux comptes (art. D. 155-1).

Le commissaire aux comptes donne son avis sur la proposition de suppression du droit préférentiel, sur le choix des éléments de calcul du prix d'émission et sur son montant, ainsi que sur l'incidence de l'émission sur la situation de l'actionnaire appréciée par rapport aux capitaux propres et, le cas échéant, sur la valeur boursière de l'action. Il vérifie et certifie la sincérité des informations tirées des comptes de la société sur lesquelles il donne cet avis.

(3) Délai de réalisation

L'émission doit être réalisée dans un délai de deux ans à compter de l'assemblée générale qui l'a autorisée (art. L. 186-3).

Le prix d'émission ou les conditions de fixation de ce prix sont déterminés par l'assemblée générale extraordinaire sur rapport du conseil d'administration ou du directoire et sur rapport spécial du commissaire aux comptes.

Lorsque l'émission n'a pas été réalisée à la date de l'assemblée générale annuelle suivant la décision, une assemblée générale extraordinaire doit se prononcer, sur rapport du conseil d'administration ou du directoire et sur le rapport spécial du commissaire aux comptes, sur le maintien ou l'ajustement du prix d'émission ou des conditions de sa détermination ; à défaut, la décision de la première assemblée devient caduque.

B. Augmentation par apport en numéraire sans suppression du droit préférentiel de souscription

Dans ce cas :

– il n'y a pas de rapport spécial du commissaire aux comptes ;
– les actionnaires sont informés de l'ouverture de la souscription par des publicités préalables.

Conditions juridiques
Art. L. 182 – Le capital doit être intégralement libéré avant toute émission d'actions nouvelles à libérer en numéraire. **Art. L. 180** – Compétence de l'AGE pour décider de l'augmentation de capital. Elle statue au vu d'un rapport du conseil d'administration ou du directoire (art. D. 154) (1)
Procédure à suivre
1) Réunion du conseil d'administration ou du directoire à l'effet notamment d'arrêter le projet d'augmentation du capital (art. D 154) (1). ***2) AGE*** – Décision d'augmentation du capital au vu du rapport du conseil d'administration ou du directoire. – Délégation au conseil d'administration pour réaliser l'opération et modifier les statuts.

3) Réalisation

– Souscription : constatée par les bulletins de souscription dans les conditions de l'article L. 190.

- Le délai accordé aux actionnaires pour l'exercice du droit de souscription ne peut être inférieur à dix jours à dater de l'ouverture de la souscription.
- Les actionnaires peuvent renoncer individuellement à l'exercice de leurs droits (2).
- Des dispositions particulières s'appliquent lorsque les souscriptions à titre irréductible et, le cas échéant, à titre réductible n'ont pas absorbé la totalité de l'augmentation du capital (3).

– Dépôt des fonds (voir § A, 5).
– Libération (voir § A, 5).
– Certificat du dépositaire (voir § A, 5).
– Modification des statuts (voir § A, 5).

4) Formalités postérieures : (voir § A, 6).

---

(1) Rapport du conseil d'administration ou du directoire

Le rapport doit contenir toutes les indications utiles sur les motifs de l'augmentation de capital proposée ainsi que sur le marché des affaires sociales depuis le début de l'exercice en cours si l'assemblée générale ordinaire appelée à statuer sur les comptes n'a pas encore été tenue pendant l'exercice précédent.

(2) Renonciation individuelle

La renonciation au droit préférentiel permet d'accélérer l'augmentation de capital. En effet, lorsque l'augmentation de capital a été intégralement souscrite après renonciation individuelle à leurs droits de souscription des actionnaires qui n'ont pas souscrit, le délai de souscription se trouve clos par anticipation.

(3) Processus à suivre

lorsque les souscriptions à titre irréductible et, le cas échéant, à titre réductible n'ont pas absorbé la totalité de l'augmentation de capital.

Les règles à suivre sont énoncées à l'article L. 185.

1° Le montant de l'augmentation de capital peut être limité au montant des souscriptions sous la double condition que celui-ci atteigne les trois quarts au moins de l'augmentation décidée et que cette faculté ait été prévue expressément par l'assemblée lors de l'émission.

2° Les actions non souscrites peuvent être librement réparties totalement ou partiellement, à moins que l'assemblée en ait décidé autrement.

3° Les actions non souscrites peuvent être offertes au public totalement ou partiellement, lorsque l'assemblée a expressément admis cette possibilité.

Le conseil d'administration ou le directoire peut utiliser dans l'ordre qu'il détermine, les facultés prévues ci-dessus ou certaines d'entre elles seulement. L'augmentation de capital n'est pas réalisée lorsqu'après l'exercice de ces facultés, le montant des souscriptions reçues n'atteint pas la totalité de l'augmentation de capital ou les trois quarts de cette augmentation dans le cas prévu au 1° ci-dessus.

Toutefois, le conseil d'administration ou le directoire peut, d'office et dans tous les cas, limiter l'augmentation de capital au montant atteint lorsque les actions non souscrites représentent moins de 3 % de l'augmentation de capital. Toute délibération contraire est réputée non écrite.

2 Augmentation du capital par compensation avec des créances sur la société

Les actions nouvelles peuvent être libérées par compensation avec des créances sur la société (art. L. 178).

Les créances doivent être liquides et exigibles (art. L. 178) :

- une créance est liquide lorsque son existence est certaine et que sa quotité est déterminée ;
- une créance est exigible si elle n'est pas suspendue par un terme ou une condition et que le paiement peut être réclamé par un créancier.

Les libérations par compensation de créances liquides et exigibles sur la société sont constatées par un certificat du notaire ou du commissaire aux comptes. Ce certificat tient lieu de certificat du dépositaire (art. L. 182).

En cas de libération d'actions par compensation de créances sur la société, ces créances font l'objet d'un arrêté de compte établi par le conseil d'administration ou le directoire et certifié exact par le commissaire aux comptes.

Sur le plan juridique, l'augmentation par compensation est assimilable à une augmentation par apport en numéraire. En conséquence :

- le capital ancien doit être intégralement libéré ;
- si l'augmentation de capital ne concerne pas tous les actionnaires, mais est réservée à une ou plusieurs personnes (ce qui est le cas, notamment, lors d'une augmentation de capital par incorporation d'un compte courant), il y a lieu de suivre les prescriptions relatives à la suppression du droit préférentiel de souscription.

Les développements qui suivent concernent les augmentations par compensation de créances, avec suppression du droit préférentiel de souscription.

Conditions juridiques

1) Tenant à la suppression du droit préférentiel de souscription (art. L. 186 et suivants)

Compétence de l'AGE statuant au vu de deux rapports :
- rapport du conseil d'administration ou du directoire (art. D. 154, D. 155) (1) ;
- rapport du commissaire aux comptes (art. D. 155) (1).

2) Tenant à la libération des actions (art. L. 178, L. 192, D. 166)
- Créances liquides et exigibles.
- Arrêté de compte établi par le conseil d'administration ou le directoire, certifié exact par le commissaire aux comptes.
- Certificat d'un notaire ou du commissaire aux comptes constatant la libération par compensation, ce certificat tient lieu de certificat du dépositaire.

3) Tenant à la libération du capital

Le capital doit être intégralement libéré avant toute émission d'actions nouvelles à libérer en numéraire (art. L. 182) auxquelles sont assimilées les actions libérées par compensation (art. L. 178).

Procédure à suivre

1) Réunion du conseil d'administration ou du directoire, à l'effet d'arrêter le rapport relatif à la proposition du droit préférentiel de souscription (art. D. 154, D.155) (1).

2) Communication du rapport du commissaire aux comptes (1).

3) Rapport spécial du commissaire aux comptes concernant la proposition de suppression du droit préférentiel de souscription (1).

4) AGE
- Décision d'augmentation du capital à libérer par compensation de créances au vu des rapports précités (à peine de nullité de l'opération).
- Délégation au conseil d'administration ou au directoire, à l'effet de réaliser l'opération.

• Observation

Le titulaire de la créance est privé du droit de vote, ses actions étant décomptées pour le calcul du quorum et de la majorité.

5) Réalisation
- Arrêté du compte établi par le conseil d'administration ou le directoire, certifié exact par le commissaire aux comptes.
- Certificat d'un notaire ou du commissaire aux comptes attestant de la libération par compensation, ce certificat tenant lieu de certificat du dépositaire.
- Modification des statuts par le conseil d'administration ou le directoire sur délégation de l'AGE.

• Observation

Comme pour l'augmentation par apport en numéraire, les souscriptions sont constatées par des bulletins de souscription dans les conditions de l'article L..190 (1).

6) Formalités postérieures *(2)*

(1) Voir pages 84, 85.
(2) Voir page 82.

3 Augmentation du capital par apport en nature

Conditions juridiques

1) Intervention d'un ou plusieurs commissaires aux apports

– Désignation

Un ou plusieurs commissaires aux apports sont désignés par le président du tribunal de commerce sur requête de tout intéressé.

– Mission

Les commissaires apprécient la valeur des apports en nature et des avantages particuliers (1).

2) Compétence de l'AGE qui statue au vu d'un rapport établi par le conseil d'administration ou le directoire (art. D 154 (*).

L'AGE qui approuve l'apport constate également la réalisation de l'augmentation de capital (3).

Procédure à suivre

1) Réunion du conseil d'administration ou du directoire à l'effet notamment d'arrêter le rapport à soumettre à l'assemblée (art. D. 154) (1) et le projet de contrat d'apport (4).

2) Désignation par le président du tribunal de commerce d'un ou plusieurs commissaires aux apports (2).

3) Communication du projet de l'opération aux commissaires aux apports.

4) Rapport spécial des commissaires aux apports : le rapport spécial est tenu au siège social à la disposition des actionnaires huit jours au moins avant la date de l'assemblée générale extraordinaire (3).

5) AGE : principales résolutions

– Approbation de l'apport (3).

– Décision d'augmentation du capital.

– Modification des statuts.

6) Formalités postérieures (4)

– Enregistrement.

– Insertion dans un journal d'annonces légales.

– Dépôt d'actes.

– Inscription modificative au RCS.

– Inscription au BODACC à la diligence du greffier.

---

(1) Rapport du conseil d'administration ou du directoire

Le conseil d'administration ou le directoire donne toutes indications utiles sur les motifs de l'augmentation de capital proposée ainsi que sur le marché des affaires sociales depuis le début de l'exercice en cours et, si l'assemblée générale ordinaire appelée à statuer sur les comptes n'a pas encore été tenue, pendant l'exercice précédent.

(2) Commissaires aux apports

– Ils sont soumis aux incompatibilités de l'article L. 220 (le commissaire aux comptes de la société ne peut être commissaire aux apports).

– Le rapport contient les mêmes indications qu'en cas d'apport en nature lors de la constitution (art. D.169, al. 1 faisant référence à l'art. 64-1) : il décrit chacun des apports, indique quel mode d'évaluation a été adopté et pourquoi il a été retenu, affirme que la valeur des apports correspond au moins à la valeur du nominal des actions à émettre augmentée éventuellement de la prime d'émission.

(3) Particularités concernant l'approbation de l'apport

Lorsque l'assemblée délibère sur l'approbation d'un apport en nature ou l'octroi d'un avantage particulier, les actions de l'apporteur ou du bénéficiaire ne sont pas prises en comptes pour le calcul de la majorité. L'apporteur ou le bénéficiaire n'a voix délibérative ni pour lui-même ni comme mandataire.

L'assemblée peut réduire l'évaluation des apports ainsi que la rémunération des avantages particuliers, mais la loi requiert l'approbation expresse de ces modifications par les apporteurs ou les bénéficiaires des avantages ; à défaut, l'augmentation du capital n'est pas réalisée.

Toutefois, contrairement à ce qui est prévu lors de la constitution de la société, l'assemblée n'est pas tenue dans ce cas de statuer à l'unanimité.

(4) Apport de fonds de commerce

En cas d'apport de fonds de commerce, des formalités particulières doivent être accomplies.

- Observations

– L'opération est possible, même si le capital ancien n'est pas intégralement libéré.

– Les formalités relatives à la suppression du droit préférentiel de souscription ne s'appliquent pas. (Ces formalités ne concernent que les apports en numéraire et les compensations de créances liquides et exigibles sur la société).

– Le commissaire aux comptes n'établit pas de rapport spécial.

4 Augmentation du capital par incorporation de réserves

L'opération d'augmentation du capital par incorporation de réserves est possible même si le capital n'est pas intégralement libéré. Elle ne donne pas lieu à un rapport spécial du commissaire aux comptes.

Conditions juridiques

1) Décisions de l'assemblée des actionnaires

(art. L. 180, al. 2 et D. 154)

- Compétence de l'AGE pour décider de l'augmentation du capital par incorporation de réserves, bénéfices ou prime d'émission.
- L'assemblée statue au vu d'un rapport du conseil d'administration ou du directoire (1).
- L'assemblée statue aux conditions de quorum et de majorité d'une AGO.

Modalités pratiques

L'opération peut être réalisée :

- soit par la création d'actions nouvelles, attribuées aux actionnaires au prorata du nombre d'actions anciennes détenues par chacun d'eux (2) ;
- soit par élévation du montant nominal des actions.

Procédure à suivre

1) Réunion du conseil d'administration ou du directoire à l'effet, notamment, d'arrêter le rapport à soumettre à l'assemblée (art. D.154.(1).

2) AGE

- L'AGE statue aux conditions de quorum et de majorité d'une AGO.
- Principales résolutions à soumettre aux actionnaires :

• décision d'augmentation du capital ;

• décision de modification des statuts.

3) Formalités postérieures à la réalisation

- Enregistrement.
- Insertion dans un journal d'annonces légales.
- Dépôt d'actes au greffe du tribunal de commerce.
- Inscription modificative au RCS.
- Insertion au BODACC à la diligence du greffier.

---

(1) Rapport du conseil d'administration ou du directoire

Le conseil d'administration ou le directoire donne toutes indications utiles sur les motifs de l'augmentation de capital proposée, ainsi que sur le marché des affaires sociales depuis le début de l'exercice en cours et, si l'assemblée ordinaire appelée à statuer sur les comptes n'a pas encore été tenue, pendant l'exercice précédent.

(2) Droit d'attribution

- À chaque action ancienne est attaché un droit d'attribution. La valeur du droit d'attribution est théoriquement égale à la perte de valeur de l'action. (En fait, cette valeur est fonction du jeu de l'offre et de la demande).
- Le droit d'attribution est négociable et cessible.

Chapitre 20

SA : réduction du capital

1 Réduction du capital

La réduction du capital est autorisée ou décidée par l'AGE qui peut déléguer au conseil d'administration ou au directoire tous pouvoirs pour la réaliser.

La réduction de capital peut être envisagée, au cours de la vie sociale, dans deux hypothèses principales :

- la société réduit son capital par remboursement car elle l'estime trop important eu égard à ses besoins de trésorerie (ce procédé est exceptionnel). Les créanciers disposent d'un droit d'opposition ;
- la société réduit son capital par imputation des pertes.

A. Conditions générales

Conditions juridiques
1) Compétence de l'AGE pour décider de la réduction de capital, qui statue au vu de deux rapports : - rapport du conseil d'administration ou du directoire(*) ; - rapport spécial du commissaire aux comptes(**). Le projet de réduction de capital est communiqué aux commissaires aux comptes au moins quarante-cinq jours avant l'AGE. ***2) Respect de l'égalité entre les actionnaires*** En aucun cas, l'opération ne peut porter atteinte à l'égalité entre les actionnaires.
Procédure à suivre
1) Réunion du conseil d'administration ou du directoire à l'effet notamment d'arrêter le projet de réduction du capital(*). ***2) Communication du projet de réduction du capital*** aux commissaires aux comptes, au moins quarante jours avant l'AGE. ***3) Rapport spécial du commissaire aux comptes*** (art. L. 215). Le rapport spécial est tenu au siège social à la disposition des actionnaires quinze jours au moins avant l'assemblée générale extraordinaire(**). ***4) AGE - Principales résolutions*** - Décision de réduction du capital. - Modification des statuts.

5) Formalités postérieures à la réalisation

- Enregistrement.
- Insertion dans un journal d'annonces légales.
- Dépôt d'actes au greffe.
- Inscription modificative au RCS.
- Insertion au BODACC à la diligence du greffier.

(*) Rapport du conseil d'administration ou du directoire

La loi ne précise pas les mentions qui doivent être contenues dans ce rapport (1).

(**) Rapport du commissaire aux comptes

Art. L. 215 - Les commissaires aux comptes font connaître leur appréciation sur les causes et les conditions de la réduction de capital.

Art. L. 228 - Les commissaires aux comptes s'assurent du respect de l'égalité entre actionnaires.

B. Examen de points spécifiques

1) Droit d'opposition des créanciers

Les créanciers peuvent former opposition à la réduction du capital lorsque les quatre conditions suivantes sont réunies :

- 1° la réduction n'est pas motivée par des pertes ;
- 2° leur créance doit être antérieure à la date de dépôt au greffe du procès-verbal de la délibération de l'assemblée ayant décidé ou autorisé la réduction du capital ;
- 3° l'opposition doit être formée dans le délai de trente jours à compter du dépôt au greffe du procès-verbal de la délibération ayant décidé ou autorisé la réduction du capital ;
- 4° elle doit être portée devant le tribunal de commerce.

La décision de justice rejette l'opposition ou ordonne soit le remboursement des créances, soit la constitution de garanties, si la société en offre et si elles sont jugées suffisantes. Les opérations de réduction du capital ne peuvent commencer pendant le délai d'opposition ni, le cas échéant, avant qu'il ait été statué en première instance sur cette opposition. Si le juge de première instance accueille l'opposition, la procédure de réduction du capital est immédiatement interrompue jusqu'à la constitution de garanties suffisantes ou jusqu'au remboursement des créances. S'il la rejette, les opérations de réduction commencent.

2) Réduction du capital au-dessous du minimum légal

Le capital social ne peut être réduit au-dessous du minimum légal (1 500 000 F pour les sociétés faisant publiquement appel à l'épargne, 250 000 F pour les autres) que sous conditions suspensives (art. L. 71, al. 2) :

- soit d'une augmentation ayant pour effet de porter le capital à un montant au moins égal au minimum légal ;
- soit d'une transformation de la société en société d'une autre forme (par exemple, transformation de la SA en SARL).

L'inobservation des dispositions relatives au maintien du capital à un montant au moins égal au minimum légal n'est pas sanctionnée par la nullité de la réduction du capital mais par la possibilité pour toute personne intéressée de demander au tribunal de commerce de prononcer la dissolution de la société (art. L. 71, al. 2 et D. 1988).

3) Réduction du capital à zéro

L'opération qui consiste à réduire le capital social à zéro, puis après augmentation, à le réduire à nouveau à un montant restant supérieur au minimum légal n'est pas irrégulière, dès lors qu'aucune obligation nouvelle n'est mise à la charge des actionnaires (Cass. com. 17 mars 1994).

2 Capitaux propres inférieurs à la moitié du capital

Si du fait des pertes, les capitaux propres deviennent inférieurs à la moitié du capital, des formalités particulières doivent être accomplies (art. L. 241). Des formalités similaires s'appliquent aux SARL (art. L. 68). En fait, il existe deux phases. D'une part, convocation des actionnaires et information des tiers ; d'autre part, régularisation de la situation, si la dissolution n'est pas prononcée (voir tableau).

	Phase n° 1	**Phase n° 2**
31. 12. N ↓ Date de clôture de l'exercice	Dans les quatre mois qui suivent l'approbation des comptes, convocation par le conseil d'administration ou le directoire d'une AGE (a). AGO annuelle Approbation des comptes	Si poursuite de l'activité, la société est tenue, au plus tard à la clôture du deuxième exercice suivant celui au cours duquel la constatation des pertes est intervenue, de reconstituer ses capitaux propres au moins à la moitié du capital (b) ; à défaut, la société doit réduire son capital du montant des pertes qui n'ont pu être imputées sur les réserves. **31. 12. N + 3** ↓ Date limite de régularisation.
	En raison des pertes constatées, le montant des capitaux propres devient inférieur à la moitié du capital.	
	Ordre du jour de l'AGE • Dissolution anticipée de la société ; (à défaut, poursuite de l'activité). • Publicité de la décision : – insertion dans un journal d'annonces légales, – dépôt d'actes au greffe du tribunal de commerce, – inscription au RCS.	
	Sanctions • Sur le plan civil (art. L. 241, L. 68) : – tout intéressé peut demander au tribunal de commerce la dissolution de la société si l'AGE n'a pas pu délibérer en dernière convocation (c). • Sur le plan pénal (art. L. 459, L. 428), le délit est constitué si : – non-convocation dans les quatre mois (ou non-consultation, ou réunion dans les quatre mois pour la SARL), – non-accomplissement des formalités de publicité.	**Sanctions** • Sur le plan civil (L. 24 et L. 68) : – tout intéressé peut demander la dissolution de la société (c). • Sur le plan pénal : – aucune sanction expresse.

(a) Dans la SARL, les associés doivent être consultés ou se réunir dans les quatre mois qui suivent l'approbation des comptes.

(b) Modalités de reconstitution ; par tout moyen :

– augmentation de capital par apport en nature, par apport en numéraire, par compensation de créances liquides et exigibles ;
– réduction de capital ;
– réalisations de bénéfices ;
– réévaluation, etc.

(c) Le tribunal peut accorder un délai maximal de six mois pour régulariser la situation. En tout état de cause, il ne peut pas prononcer la dissolution de la société si le jour où il statue sur le fond cette régularisation a eu lieu (L. 241, L. 68).

On précisera également que les dirigeants sociaux qui auraient volontairement prolongé une situation irrégulière commettraient une faute dans l'exercice de leurs fonctions et pourraient voir leur responsabilité civile engagée.

Ces dispositions des articles L. 68 et 241 ne s'appliquent pas en cas de redressement judiciaire.

Cas des sociétés en redressement judiciaire ou qui bénéficient d'un plan de continuation

- Pour éviter que se trouvent réunies des obligations contradictoires, le législateur a précisé que les dispositions de l'article 241 ne sont pas applicables aux sociétés en état de redressement judiciaire ou qui bénéficient d'un plan de continuation.
- D'autre part, lorsque l'administrateur, au cours de la période préparatoire, envisage de proposer au tribunal un plan de continuation impliquant une modification du capital, il demande aux dirigeants de convoquer une assemblée générale extraordinaire ; si les dirigeants n'obtempèrent pas, il la convoque lui-même (loi du 25 janvier 1985, art. 22 et décret du 27 décembre 1985, art. 33 et s.).
- La même mission incombe au juge-commissaire dans le régime simplifié s'il n'est pas nommé d'administrateur (loi précitée, art. 141, al. 2 et décret précité, art. 115). Si du fait des pertes constatées dans les documents comptables, les capitaux propres sont inférieurs à la moitié du capital social, l'assemblée est d'abord appelée à reconstituer ces capitaux à concurrence du montant proposé par l'administrateur ou le juge-commissaire et qui ne peut pas être inférieur à la moitié du capital (loi précitée, art. 22).

NOTES

(1) En fait, il sera indiqué les motifs de la réduction du capital et ses modalités de réalisation (par exemple, réduction de la valeur nominale du titre).

Chapitre 21

Actions, certificats d'investissement, certificats de droits de vote

1 Actions

Forme	Nominative (pour les sociétés dont les actions sont admises à la cote officielle d'une bourse de valeurs, possibilité d'actions au porteur).
Valeur nominale	Elle est déterminée dans les statuts (~~elle peut être inférieure à 100 F~~).
Type (a)	Actions de numéraire (b) ; actions d'apport.
Libération	• Actions de numéraire : - à la constitution : minimum de la moitié de la valeur nominale à la souscription, le surplus dans les cinq ans qui suivent l'immatriculation au RCS ; - augmentation de capital (c) : du quart de la valeur nominale à la souscription, la totalité de la prime d'émission, le reste dans les cinq ans qui suivent le certificat du dépositaire.
	• Actions d'apport : Elles sont intégralement libérées dès leur émission.
Droit de vote	L'actionnaire ne peut être dépouillé des droits de vote que dans les cas prévus par la loi (1).
Négociabilité (voir chapitre 22)	• À la constitution : ces actions ne sont négociables qu'après l'immatriculation au RCS. • Augmentation de capital : ces actions sont négociables à compter de la réalisation de celles-ci.
Restriction à la libre cessibilité (voir chapitre 22)	• Clause d'agrément : la cession d'actions à un tiers, à quelque titre que ce soit, peut être soumise à l'agrément de la société par une clause des statuts (art. L. 274).
Opérations de la société sur ses propres actions	• Interdiction de l'achat par une société de ses propres actions. • Interdiction pour la société de prendre en gage ses propres actions. • Interdiction d'avancer des fonds, d'accorder des prêts ou de consentir une sûreté en vue de la souscription ou de l'achat de ses propres actions par un tiers (art. L. 217-1, L. 217-8, L. 217-9).
Démembrement de l'action	Certificats d'investissement, certificats de droit de vote (voir § 2).

(a) Les actions de numéraire sont celles dont le montant est libéré en espèces ou par compensation (art. L. 267).

(b) Lors de la constitution de la société ou au cours de son existence, il peut être créé des actions de priorité jouissant d'avantages par rapport à d'autres actions, sous réserve des dispositions des articles L. 174 à 177 (art. L. 269).

(c) Le capital doit être intégralement libéré avant toute émission d'actions nouvelles à libérer en numéraire à peine de nullité de l'opération (art. L. 182). L'augmentation par appel public à l'épargne réalisée moins de deux ans après la constitution d'une société doit être précédée d'une vérification, par un ou plusieurs commissaires aux apports, de l'actif et du passif ainsi que, le cas échéant, des avantages particuliers consentis.

2 Certificats d'investissement, certificats de droit de vote

Titres résultant d'un démembrement de l'action

Caractéristiques	Certificats d'investissement	Certificats de droits de vote
Définition	Valeur mobilière issue du fractionnement d'actions et représentant les droits pécuniaires attachés à celle-ci.	Titres issus du fractionnement d'actions et représentant les droits, autres que pécuniaires, attachés à celles-ci.
Forme des titres	Titres négociables (nominatifs ou au porteur).	• Les certificats de droit de vote doivent revêtir, obligatoirement, la forme nominative. • En principe, un certificat de droit de vote ne peut être cédé que s'il est réuni à un certificat d'investissement et la cession ainsi réalisée entraîne reconstitution de l'action (art. L 2831, al. 6) (*). • Il ne peut être attribué de certificats représentant moins d'un droit de vote.
Valeur nominale	• La valeur nominale des certificats d'investissement doit être égale à celle des actions de la société émettrice (L. 283-1). • Lorsque les actions sont divisées, les certificats d'investissement doivent l'être également (art. L. 283-1).	
Nombre de titres	Les certificats de droit de vote doivent être émis en nombre égal à celui de certificats d'investissement (art. L. 283-1).	

(*) Depuis la loi du 5 janvier 1988, un certificat de droit de vote peut aussi être cédé au titulaire d'un certificat d'investissement. Dans ce cas également, la cession entraîne reconstitution de plein droit de l'action (art. L. 283-1, al. 6).

Par ailleurs, indépendamment des cas de reconstitution de l'action résultant de la cession du certificat de droit de vote, le simple fait pour une personne d'être titulaire à la fois d'un certificat d'investissement et d'un certificat de droit de vote entraîne de plein droit le remplacement des certificats par une action (art.L. 283-1, al. 6).

• **Observations**

- Les porteurs de certificats d'investissement peuvent obtenir communication des documents sociaux dans les mêmes conditions que les actionnaires.

- La loi règle par ailleurs les droits des porteurs de certificats d'investissement en cas de distribution gratuite d'actions (art. L. 283-3), d'augmentation de capital en numéraire (art. L. 283-1, L. 283-4) et d'émission d'obligations convertibles (art. L. 283-5).

NOTES

(1) Actionnaire : suppression du droit de vote

L'actionnaire ne peut être dépouillé du droit de vote que dans les cas prévus par la loi.

1) Suppression du droit de vote pour toutes assemblées quelle que soit leur nature

Principalement

– Actions non libérées de versements exigibles (art. L. 283, D. 210).

– Actions à dividende prioritaire sans droit de vote (art. L. 263-1).

– Achat par la société de ses propres actions. La société ne peut valablement voter avec des actions par elle souscrites, acquises ou prises en gage (art. L. 164).

– Le droit de vote des dirigeants frappés de faillite personnelle ou d'interdiction de diriger une entreprise est exercé dans les assemblées des personnes morales soumises à une procédure de redressement judiciaire par un mandataire désigné par le tribunal à cet effet, à la requête de l'administrateur, du liquidateur ou du commissaire à l'exécution du plan (art. 193, loi du 25 janvier 1985).

– Actions d'autocontrôle, à compter du 1er juillet 1991 (art. L. 359-1) (voir chapitre 27).

2) Suppression pour certaines résolutions seulement en raison de l'intérêt

– Conventions entre la société et l'un des administrateurs ou directeurs généraux : lorsqu'un administrateur ou directeur général (s'il est actionnaire) a conclu directement ou indirectement une convention avec la société, l'intéressé ne peut participer au vote de l'assemblée sur l'approbation de cette convention (art. L. 103, al. 4). Il en est de même en cas de convention conclue entre la société et l'un des membres du directoire ou du conseil de surveillance (art. L. 145, al. 4) (voir chapitre 11).

– Apports en nature ou avantages particuliers : les apporteurs en nature et les bénéficiaires d'avantages particuliers ne peuvent participer au vote des résolutions les concernant (art. L. 82, al. 3) (voir chapitre 20).

– Acquisition par la société d'un bien appartenant à l'un de ses actionnaires : en cas d'acquisition par la société, dans les deux ans de son immatriculation au registre du commerce et des sociétés, d'un bien appartenant à l'un de ses actionnaires, l'actionnaire vendeur et privé du droit de vote en ce qui concerne la résolution relative à l'évaluation de ce bien (art. L. 157-1, al. 2) (voir chapitre 25).

Chapitre 22

Cession d'actions et clauses d'agrément

Les actions sont des titres négociables. Elles se transmettent par simple virement de compte à compte.

Les actions sont librement cessibles. Toutefois, les statuts peuvent prévoir des clauses d'agrément.

1 Négociabilité des actions

A. Principe (art. L. 271)

Les actions ne sont négociables qu'après l'immatriculation de la société au registre du commerce et des sociétés. En cas d'augmentation de capital, les actions sont négociables à compter de la réalisation de celle-ci (1).

B. Sanctions pénales (art. L. 434)

Seront punis d'un emprisonnement d'un an et d'une amende de 60 000 F, ou de l'une de ces deux peines seulement, les fondateurs, le président du conseil d'administration, les administrateurs ou les directeurs généraux d'une société anonyme, ainsi que les titulaires ou porteurs d'actions qui, sciemment, auront négocié :

- 1° des actions sans valeur nominale ;
- 2° des actions de numéraire qui ne sont pas demeurées sous la forme nominative jusqu'à leur entière libération ;
- 3° des actions d'apport, avant l'expiration du délai pendant lequel elles ne sont pas négociables ;
- 4° des actions de numéraire pour lesquelles le versement du quart n'a pas été effectué ;
- 5° des promesses d'actions, sauf en ce qui concerne les promesses d'actions à créer à l'occasion d'une augmentation de capital, dans une société dont les actions anciennes sont déjà inscrites à la cote officielle d'une bourse de valeurs.

2 Clauses d'agrément

Les clauses d'agrément permettent d'écarter l'entrée dans la société de personnes dont la présence est jugée indésirable.

A. Champ d'application (art. L. 274)

Principe	Exceptions
• La cession d'actions à des tiers, à quelque titre que ce soit, peut être soumise à l'agrément de la société par une clause des statuts. • Une telle clause ne peut être stipulée que si les actions revêtent exclusivement la forme nominative en vertu de la loi ou des statuts.	Les clauses d'agrément ne sont pas applicables dans les cas suivants : – dévolution successorale (2) ; – liquidation de communauté de biens entre époux (2) ; – cession au conjoint, à un ascendant ou à un descendant (2) ; – cession entre actionnaires (Cour de cassation, 10 mars 1976).
• Observation *Même lorsqu'elles sont conformes aux conditions requises, les clauses d'agrément sont écartées en cas d'admission de nouveaux actionnaires qui acceptent de participer à une augmentation de capital destinée à assurer le redressement d'une société ayant déposé son bilan (art. 22 de la loi n° 85-98 du 25 janvier 1985).*	

B. Procédure à suivre (art. L. 275)

1) Information à la société

Notification de la demande d'agrément à la société (la demande d'agrément indique les noms, prénoms et adresse du cessionnaire, le nombre des actions dont la cession est envisagée et le prix afférent) par acte extra-judiciaire ou par lettre recommandée avec demande d'avis de réception.

2) Décision de la société

Agrément	Refus d'agrément
• L'agrément résulte soit d'une notification, soit du défaut de réponse dans le délai de trois mois à compter de la demande.	• Si à l'expiration du délai prévu à l'alinéa précédent, l'achat n'est pas réalisé, l'agrément est considéré comme donné. Toutefois, ce délai peut être prolongé par décision de justice à la demande de la société.
• Les statuts fixent l'organe compétent pour donner l'agrément (le plus souvent, le conseil d'administration ou le conseil de surveillance). • Des dispositions particulières s'appliquent en cas de négociation par l'intermédiaire d'une société de bourse (art. L. 276) (3).	• Si la société n'agrée pas le cessionnaire proposé, le conseil d'administration, le directoire ou les gérants, selon le cas, sont tenus dans le délai de trois mois à compter de la notification du refus, de faire acquérir les actions soit par un actionnaire ou par un tiers, soit, avec le consentement du cédant, par la société en vue d'une réduction du capital (4).

• Cas particulier : nantissement d'actions

Si la société a donné son consentement à un projet de nantissement d'actions dans les conditions prévues à l'article 275, alinéa 1er, ce consentement emportera agrément en cas de réalisation forcée des actions nanties selon les dispositions de l'article 2078, alinéa 1er du Code civil, à moins que la société ne préfère, après la cession, racheter sans délai les actions en vue de réduire son capital.

• Observation : clauses de préemption

Comme leur nom l'indique, les clauses de préemption sont des clauses qui instituent un droit prioritaire d'achat. Leur champ d'application et leur contenu sont limités par le jeu des dispositions légales qui n'admettent que dans certains cas et dans certaines conditions les atteintes à la libre négociabilité des titres (5).

NOTES

(1) Réalisation de l'opération

• Pour les apports en numéraire : certificat du dépositaire.

• Pour les compensations de créance : certificat du notaire ou du commissaire aux comptes attestant de la libération par compensation.

• Pour les apports en nature : date de l'AGE qui approuve l'apport et constate la réalisation de l'opération.

• Pour les incorporations de réserves : date de l'AGE (qui d'ailleurs statue aux conditions de quorum et de majorité d'une AGO).

(2) Particularités

Les clauses d'agrément peuvent être appliquées même en cas de cession à un conjoint, à un ascendant ou à un descendant (ainsi qu'en cas de succession ou de liquidation de communauté de biens entre époux) à la condition (art. L. 274, al. 3) :

- que ces clauses figurent dans les statuts d'une société ne faisant pas publiquement appel à l'épargne et qui réserve des actions à ses salariés ;
- et qu'elles aient pour objet d'éviter que ces actions ne soient dévolues ou cédées à des personnes n'ayant pas la qualité de salarié de la société.

(3) Négociation par l'intermédiaire d'une bourse de valeurs

Art. L. 276 - En cas de négociation par l'intermédiaire de sociétés de bourse et par dérogation aux dispositions de l'article 275, la société doit exercer son droit d'agrément dans le délai prévu par les statuts qui ne peut excéder trente jours de bourse.

Si la société n'agrée pas l'acquéreur, le conseil d'administration, le directoire ou les gérants sont tenus, dans le délai de trente jours de bourse à compter de la notification du refus, de faire acquérir les actions, soit par un actionnaire ou par un tiers, soit par la société en vue d'une réduction du capital.

Le prix retenu est celui de la négociation initiale ; toutefois, la somme versée à l'acquéreur non agréé ne peut être inférieure à celle qui résulte du cours de bourse au jour du refus d'agrément ou, à défaut de cotation, au jour de la dernière cotation précédant ledit refus.

Si à l'expiration du délai prévu à l'alinéa 2 ci-dessus, l'achat n'est pas réalisé, l'agrément est considéré comme donné.

(4) Détermination du prix des actions

À défaut d'accord entre les parties, le prix des actions est déterminé dans les conditions prévues à l'article 1843-4 du Code civil. Toute disposition contraire des statuts est réputée non écrite.

(5) Clause de préemption

Compte tenu de l'interdiction de stipuler des clauses d'agrément pour les cas de transmission ou de cession d'actions énumérées par l'article 274 de la loi, le droit de préemption, qui ne prive certes pas l'actionnaire du droit de céder ses actions mais aboutit à le priver du libre choix du cessionnaire, ne peut s'appliquer :

- ni à la transmission des actions pour le cas de succession ou de liquidation de communauté de biens entre époux ;
- ni à la cession des actions au conjoint, à un ascendant ou à un descendant.

Une décision a admis qu'une clause de préemption puisse s'appliquer en cas de cession entre actionnaires (Tri. gr. inst. Dijon, 8 mars 1977, Gaz. Pal. 1977-2-504 et Rev. soc. 1977-279), mais cette décision est demeurée isolée.

La procédure de préemption doit, quant au fond, respecter les règles prévues par la loi à propos des clauses d'agrément pour le cas de refus d'agrément.

Chapitre 23

Obligations et autres valeurs mobilières

(1) Emiss° possible m̃ si la sté n'a pas établi régulièrement de bilan approuvé mais doit ê précédé d'1 vérif° de l'Actif et du Passif.

1 Obligations ordinaires et obligations convertibles en actions

OBLIGATIONS ORDINAIRES	OBLIGATIONS CONVERTIBLES EN ACTIONS
Conditions d'émission	**Conditions d'émission**
• La société doit avoir au préalable intégralement libéré son capital. • La société doit avoir deux ans d'existence et avoir fait approuver le bilan de ses deux premiers exercices. (1)	Les mêmes que celles pour les obligations ordinaires (deux ans d'existence, deux bilans approuvés, capital libéré).
Décision d'émission	**Décision d'émission**
L'AGO des actionnaires a seule compétence pour décider ou autoriser l'émission d'obligations.	AGE (sur rapport du CA ou du directoire et des commissaires aux comptes). • *Observation* *Les actionnaires jouissent d'un droit préférentiel pour souscrire aux obligations convertibles émises par la société.*
Divers	**Divers**
1) Masse des obligataires • Les porteurs d'obligations d'une même émission sont groupés de plein droit pour la défense de leurs intérêts communs dans une masse qui jouit de la personnalité civile. • En cas d'émissions successives d'obligations, la société peut, lorsqu'une clause de chaque contrat d'émission le prévoit, grouper en une masse unique les porteurs d'obligations ayant des droits identiques. ***2) Assemblées d'obligataires*** Elles statuent aux conditions de l'article L. 155 (quorum et majorité d'une AGO d'actionnaires).	***1) Conséquences de l'émission*** • Un certain nombre d'opérations sont interdites (amortissement de capital, réduction par voie de remboursement, modification de la répartition des bénéfices). • Un certain nombre d'opérations sont réglementées (émission d'actions à souscrire en numéraire, incorporation au capital de réserves, distribution de réserves en espèces ou en titres…). ***2) Conversion des obligations*** • Soit pendant une ou plusieurs périodes déterminées. • Soit à tout moment.

2 Obligations avec bons de souscription d'actions

Schématiquement, ces obligations se distinguent des obligations convertibles en ce que leur titulaire n'est pas contraint d'exercer une option entre la qualité d'obligataire et celle d'actionnaire.

Il peut ou non exercer ses droits de souscription tout en conservant ses obligations.

Une diversité de choix s'est offerte à l'épargnant qui pourra opter entre trois solutions :

- céder les bons de souscription et conserver les obligations ;
- vendre les obligations après avoir détaché les droits de souscription qu'il conserver dans le but de profiter d'une hausse éventuelle du cours de l'action ;
- conserver simultanément l'obligation et le bon de souscription dans le but d'avoir ainsi la double qualité de créancier interne et de créancier externe de la société et, de ce fait, de mieux répartir les risques.

Décision de l'émission
AGE (sur rapport du conseil d'administration ou du directoire et des commissaires aux comptes). • Observation *Les actionnaires jouissent d'un droit préférentiel de souscription aux obligations à émettre.*
Conséquences de l'émission
Même principe que pour les obligations convertibles : certaines opérations sont interdites, d'autres sont réglementées.
Droits attachés aux bons
La souscription des actions ne peut intervenir que pendant la ou les périodes déterminées par le contrat d'émission des obligations.

3 Autres titres

A. Valeurs mobilières composées

Des valeurs mobilières composées donnant droit à l'attribution d'une quote-part du capital sont apparues sur le marché :

- obligations avec bons de souscription d'actions ;
- obligations avec bons de souscription de certificats d'investissement ;
- obligations remboursables en certificats d'investissement ;
- titres subordonnés à durée indéterminée avec bons d'acquisition de certificats d'investissement, etc.

L'AGE a seule compétence pour décider de l'émission de valeurs mobilières composées. Elle statue au vu d'un rapport du conseil d'administration ou du directoire et d'un rapport du commissaire aux comptes.

B. Titres participatifs

L'émission en est réservée aux sociétés par actions appartenant au secteur public et aux sociétés anonymes coopératives. Ce type de valeurs mobilières a été créé en vue de permettre aux entreprises du secteur public et aux sociétés coopératives d'améliorer leurs fonds propres en faisant appel à l'épargne sans modifier la structure de leur capital et sans porter atteinte au contrôle de la société.

Les titres participatifs s'apparentent à des obligations. Toutefois, ils ne sont pas amortissables et, sauf exception, ne sont remboursés qu'en cas de liquidation de la société après désintéressement de tous les créanciers. Ils sont rémunérés pour partie en fonction des performances et de l'activité de l'entreprise.

Le régime des titres participatifs est fixé par les articles L. 283-6 et L. 283-7 et par les articles D. 242-1 à D. 242-7

C. PLANS D'OPTIONS

Rapport spécial s/ les plans d'opt°. mis en oeuvre à présenter à l'AGO Annuelle .

Chapitre 24

Commissaires aux comptes : désignation, récusation, révocation

1 Désignation

A. Dans les sociétés par actions

1) Conditions d'intervention

Les commissaires aux comptes sont obligatoires.

2) Modalités de désignation

– **À la constitution** : les premiers commissaires aux comptes sont désignés par l'assemblée générale constitutive lorsque la société fait publiquement appel à l'épargne (art. L. 79), dans les statuts dans le cas contraire (art. L. 88).

– **Au cours de la vie sociale** : compétence de l'AGO Si l'assemblée omet d'élire un commissaire aux comptes, tout actionnaire peut demander au président du tribunal de commerce de désigner un commissaire aux comptes.

B. Dans les autres sociétés commerciales

Mode de désignation	**SNC, SCS** (art. L. 17-1)	**SARL** (art. L. 64)
Désignation facultative	Les associés peuvent nommer un ou plusieurs commissaires aux comptes(*).	Les associés peuvent nommer un ou plusieurs commissaires aux comptes(**).
Désignation obligatoire	• Sont tenus de désigner un commissaire aux comptes, les sociétés qui dépassent à la clôture d'un exercice deux des trois seuils réglementaires suivants : - CAH.T. > 20 millions de francs ; - total du bilan > 10 millions de francs ; - effectif > 50. • La société n'est plus tenue de désigner un commissaire aux comptes dès lors qu'elle n'a pas dépassé les chiffres fixés pour deux de ces trois critères pendant les deux exercices précédant l'expiration du mandat du commissaire aux comptes (art. D. 12, D. 43).	

Désignation par décision de justice	Même si ces seuils ne sont pas atteints, la nomination d'un commissaire aux comptes peut être demandée en justice par tout associé.	Même si ces seuils ne sont pas atteints, la nomination d'un commissaire aux comptes peut être demandée en justice par un ou plusieurs associés représentant au moins le dixième du capital.
	• Le commissaire aux comptes est désigné par ordonnance du président du tribunal de commerce statuant en référé.	
(*) Pour la SNC : unanimité des associés, sauf clause statuaire contraire. (**) Pour la SARL : régime des décisions collectives ordinaires (voir chapitre 6).		

C. Dispositions diverses

- Les commissaires aux comptes doivent être choisis sur la liste prévue à l'article L. 219.
- Il existe des incompatibilités (art. L. 219-3, L. 17-2, L. 24, L. 65, L. 220) (1).
- La désignation d'un commissaire aux comptes suppléant est obligatoire (art. L. 223).
- La durée du mandat est de six exercices (art. L. 224).
- Les sociétés par actions astreintes à publier des comptes consolidés sont tenues d'avoir des commissaires aux comptes titulaires.
- Le défaut de désignation de commissaires aux comptes entraîne des sanctions civiles et pénales (2).
- Dans les GIE, le commissaire aux comptes est obligatoire dans deux cas :
  - le GIE a émis un emprunt obligataire ;
  - le GIE compte cent salariés ou plus.
- Dans les personnes morales de droit privé non commerçantes ayant une activité économique et dans certaines entreprises publiques, le commissaire aux comptes est obligatoire sous certaines conditions (en règle générale, les seuils sont identiques à ceux retenus pour les SNC, SCS, SARL).

2 Récusation et révocation

A. Dans les sociétés par actions

Récusation (L. 225 - D. 188)	**Révocation** (L. 227 - D. 188)
Récusation par décision de justice des commissaires aux comptes désignés par l'assemblée pour juste motif à la demande : – d'un ou plusieurs actionnaires représentant le dixième du capital ; – du comité d'entreprise ;	Révocation par décision de justice des commissaires aux comptes en cas de faute ou d'empêchement à la demande : – du conseil d'administration, du directoire ; – de l'assemblée générale ;

– du ministère public ; – de la COB dans les SA faisant publiquement appel à l'épargne. **• Observation** *L'action en récusation doit être intentée dans les trente jours qui suivent la nomination.* *S'il est fait droit à la demande, un nouveau commissaire est désigné en justice. Il demeure en fonction jusqu'à l'entrée en fonction des commissaires aux comptes désignés par l'assemblée générale.*	– d'un ou plusieurs actionnaires représentant le dixième du capital ; – du comité d'entreprise ; – du ministère public ; – de la COB dans les SA faisant publiquement appel à l'épargne. **• Observation** *Le commissaire aux comptes révoqué est remplacé par le commissaire aux comptes suppléant.*
La récusation concerne la nomination, la révocation s'applique en cours de mandat.	

B. Dans les SNC, SCS, SARL

L'ensemble des dispositions qui précèdent s'appliquent aux SNC, SCS, SARL en fonction de leurs caractéristiques.

NOTES

(1) Incompatibilités

Incompatibilités générales (art. L. 219-3)
• Les fonctions de commissaire aux comptes sont incompatibles : – 1° avec toute activité ou tout acte de nature à porter atteinte à son indépendance ; – 2° avec tout emploi salarié ; toutefois, un commissaire aux comptes peut dispenser un enseignement se rattachant à l'exercice de sa profession ou occuper un emploi rémunéré chez un commissaire aux comptes ou chez un expert-comptable ; – 3° avec toute activité commerciale, qu'elle soit exercée directement ou par personne interposée.

Incompatibilités spécifiques (art. L. 17, L. 24, L. 65)	
Sociétés par actions (art. L. 220)	**Autres sociétés commerciales**
Ne peuvent être commissaire aux comptes : 1° les fondateurs, apporteurs en nature, bénéficiaires d'avantages particuliers, administrateurs ou, le cas échéant, membres du directoire ou du conseil de surveillance de la société ou de ses filiales (sociétés dans lesquelles la société anonyme détient plus de 50% du capital) ; 2° les parents et alliés, jusqu'au quatrième degré inclusivement, des personnes visées au 1° ; 3° les administrateurs, les membres du directoire ou du conseil de surveillance, les conjoints des administrateurs ainsi que, le cas échéant, des membres du directoire ou du conseil de surveillance des sociétés possédant le dixième du capital de la société ou dont celle-ci possède le dixième du capital ; 4° les personnes qui, directement ou indirectement ou par personne interposée, reçoivent de celles qui sont mentionnées au 1°, de la société ou de toute société à laquelle s'applique le 3° ci-dessus, un salaire ou une rémunération quelconque, à raison d'une autre activité que celle de commissaire aux comptes ; cette disposition ne s'applique ni aux activités professionnelles complémentaires effectuées à l'étranger, ni aux missions particulières de révision effectuées par le commissaire aux comptes pour le compte de la société dans les sociétés comprises dans la consolidation ou destinées à entrer dans le champ de cette dernière. Les commissaires aux comptes peuvent recevoir des rémunérations de la société pour des missions temporaires, d'objet limité, entrant dans le cadre de leurs fonctions, dès lors que ces missions leur sont confiées par la société à la demande d'une autorité publique ; 5° les sociétés de commissaires, dont l'un des associés, actionnaires ou dirigeants se trouve dans une des situations prévues aux alinéas précédents ; 6° les conjoints des personnes qui, en raison d'une activité autre que celle de commissaire aux comptes, reçoivent soit de la société, soit des administrateurs, des membres du directoire ou du conseil de surveillance, soit des sociétés possédant le dixième du capital de la société ou dont celle-ci possède le dixième du capital, un salaire ou une rémunération en raison de l'exercice d'une activité permanente ;	Ne peuvent être commissaire aux comptes : 1° les gérants et l'associé unique de l'EURL ainsi que leurs conjoints, ascendants, descendants et collatéraux au quatrième degré inclusivement ; 2° les apporteurs en nature et les bénéficiaires d'avantages particuliers ; 3° les personnes qui, directement ou indirectement ou par personne interposée, reçoivent de la société ou de ses gérants un salaire ou une rémunération quelconque à raison d'une autre activité que celle de commissaire aux comptes à l'exception des activités autorisées par le 4° de l'article 220 ; 4° les sociétés de commissaires dont l'un des associés, actionnaires ou dirigeants se trouve dans l'une des situations prévues aux alinéas précédents ; 5° les conjoints des personnes qui, en raison d'une activité autre que celle de commissaire aux comptes, reçoivent soit de la société, soit des gérants de celle-ci, un salaire ou une rémunération en raison de l'exercice d'une activité permanente ; 6° les sociétés de commissaires aux comptes dont soit l'un des dirigeants, soit l'associé ou actionnaire exerçant les fonctions de commissaire aux comptes au nom de la société a son conjoint qui se trouve dans l'une des situations prévues au 5°.

7° les sociétés de commissaires aux comptes dont soit l'un des dirigeants, soit l'associé ou actionnaire exerçant les fonctions de commissaire aux comptes au nom de la société, a son conjoint qui se trouve dans l'une des situations prévues au 6°.	

(2) Sanctions pour défaut de nomination ou nomination irrégulière

Les délibérations prises à défaut de désignation régulière de commissaires aux comptes ou sur le rapport de commissaires irrégulièrement nommés ou demeurés en fonction sont nulles.

Toutefois, l'action en nullité est éteinte si ces délibérations sont expressément confirmées par une assemblée sur le rapport de commissaires régulièrement nommés.

Lorsque la nomination d'au moins un commissaire aux comptes est obligatoire, les dirigeants qui ne la provoquent pas s'exposent à une peine d'emprisonnement de deux ans et/ou à une amende de 60 000 F (art. L. 430 et 455).

Les mêmes peines sont encourues pour toute personne qui, soit en son nom personnel, soit au titre d'un associé dans une société de commissaires aux comptes, aura sciemment accepté, exercé ou conservé les fonctions de commissaire aux comptes, nonobstant les incompatibilités légales (art. 456). Le défaut de désignation de commissaire suppléant ne semble, par contre, assorti d'aucune sanction, mais c'est une irrégularité que le commissaire aux comptes devrait signaler dans son rapport à l'assemblée.

Chapitre 25

Commissaires aux apports et commissaires « ad hoc »

1 Commissaires aux apports

A. Dans les sociétés par actions

1) Conditions d'intervention

Désignation obligatoire d'un ou plusieurs aux apports (art. L. 180).

2) Modalités de nomination

- À la constitution (L. 80) : désignation par décision de justice à la demande des fondateurs ou de l'un d'eux. Ils sont soumis aux incompatibilités prévues à l'article L. 220 (liste des incompatibilités concernant les commissaires aux comptes).
- Augmentation de capital (L. 193) : désignation par décision de justice, sur requête de tout intéressé.

B. Dans la SARL

1) Conditions d'intervention

a) À la constitution (art. L. 40)

Les commissaires aux apports ne sont pas obligatoires lorsque les trois conditions suivantes sont réunies :

- unanimité des associés ;
- la valeur d'aucun apport en nature ne peut excéder 50 000 F ;
- la valeur globale des apports en nature non soumis à vérification par un commissaire aux apports ne peut excéder la moitié du capital.

b) Augmentation de capital (art. L. 62)

Le commissaire aux apports est toujours obligatoire.

2) Modalités de nomination

a) À la constitution (art. L. 40)

Désignation du commissaire aux apports à l'unanimité des futurs associés ou, à défaut, par une décision de justice à la demande du futur associé le plus diligent.

b) Augmentation de capital (art. L. 62)

Désignation par décision de justice sur requête du gérant.

C. Dans les autres sociétés commerciales (SNC, SCS)

Les commissaires aux apports ne sont pas obligatoires.

D. Dispositions générales

1) Désignation

Les commissaires aux apports sont choisis parmi les commissaires aux comptes inscrits sur la liste prévue à l'article L. 219, ou parmi les experts inscrits sur une des listes établies par les cours et les tribunaux.

Ils peuvent se faire assister dans l'accomplissement de leur mission par un ou plusieurs experts de leur choix. Les honoraires de ces experts sont à la charge de la société.

Dans les sociétés par actions, les commissaires aux apports sont soumis aux incompatibilités de l'article L. 220 (voir chapitre 24).

2) Mission

Les commissaires aux apports apprécient, sous leur responsabilité, l'évaluation des apports (art. L. 40, L. 62, L. 80, L. 193).

Le rapport des commissaires aux apports décrit chacun des apports, indique quel mode d'évaluation a été adopté et pourquoi il a été retenu, affirme que la valeur des apports correspond au moins à la valeur nominale des actions à émettre augmentée éventuellement de la prime d'émission (art. D. 64-1 concernant la SA).

2 Commissaires ad hoc

A. Acquisition par la SA d'un bien auprès d'un actionnaire (art. L. 157-1, D. 148-1)

L'article L. 157-1 prévoit une procédure particulière de vérification par un commissaire en cas d'acquisition par la SA d'un bien auprès d'un actionnaire, et ce, sous certaines conditions. La procédure de vérification doit intervenir avant l'acquisition envisagée (voir tableau page suivante).

B. Transformation d'une société en SA (art. L. 72-1 et D. 56-1)

La loi prévoit l'intervention d'un ou plusieurs commissaires à la transformation lorsqu'une société se transforme en SA (voir chapitre 17).

C. Fusion et scission de SARL, de SA (art. L. 377)

La loi prévoit l'intervention d'un commissaire à la fusion ou à la scission (voir chapitre 22).

Commissaire en cas d'acquisition par la SA d'un bien auprès d'un actionnaire

1) Conditions d'intervention

• ***Principe*** : acquisition par la SA d'un bien auprès d'un actionnaire si les deux conditions suivantes sont réunies :

– acquisition dans les deux ans qui suivent l'immatriculation de la société au registre du commerce ;

– valeur du bien à concurrence d'au moins le dixième du capital.

• ***Dérogations*** : l'intervention d'un commissaire n'est pas exigée dans les trois cas suivants :

– acquisition faite en bourse ;

– acquisition effectuée sous le contrôle d'une autorité judiciaire ;

– acquisition dans le cadre d'opérations courantes conclues à des conditions normales.

2) Désignation

Le commissaire est désigné par le président du tribunal de commerce statuant sur requête du président du conseil d'administration ou du directoire.

• Observations

– Le commissaire doit être choisi parmi les commissaires aux comptes ou parmi les experts inscrits sur l'une des listes établies par les cours et les tribunaux (art. D. 64).

– Le commissaire est soumis aux mêmes incompatibilités que les commissaires aux comptes (art. L. 157-1, al. 1). Par conséquent, le commissaire aux comptes de la SA ne peut être désigné commissaire.

3) Mission

Le commissaire est chargé d'apprécier sous sa responsabilité la valeur du bien dont la cession est envisagée (art. L 157-1, al. 1 et art. D. 148-1).

Le rapport établi par le commissaire doit contenir :

– la description du ou des biens dont l'acquisition est projetée ;

– les critères retenus pour la fixation du prix ;

– une appréciation de la pertinence de ces critères.

• Observation

Pour l'accomplissement de sa mission, le commissaire peut se faire assister par un ou plusieurs experts de son choix. Les honoraires de ces experts sont à la charge de la société (art. D. 64, al. 3 et art. D. 148-1).

4) Approbation par l'assemblée générale ordinaire de l'évaluation

L'assemblée générale ordinaire doit se prononcer sur l'évaluation, à peine de nullité de l'acquisition, étant observé que l'actionnaire vendeur n'a voix délibérative ni pour lui-même ni comme mandataire. Ses actions ne sont pas prises en compte pour le calcul du quorum et de la majorité.

Chapitre 26

Alerte - Documents financiers prévisionnels

1 Obligations d'information des commissaires aux comptes

Le cadre général ci-après présente les diverses obligations d'information des commissaires aux comptes applicables dans les sociétés par actions (transposables pour l'essentiel aux autres sociétés commerciales).

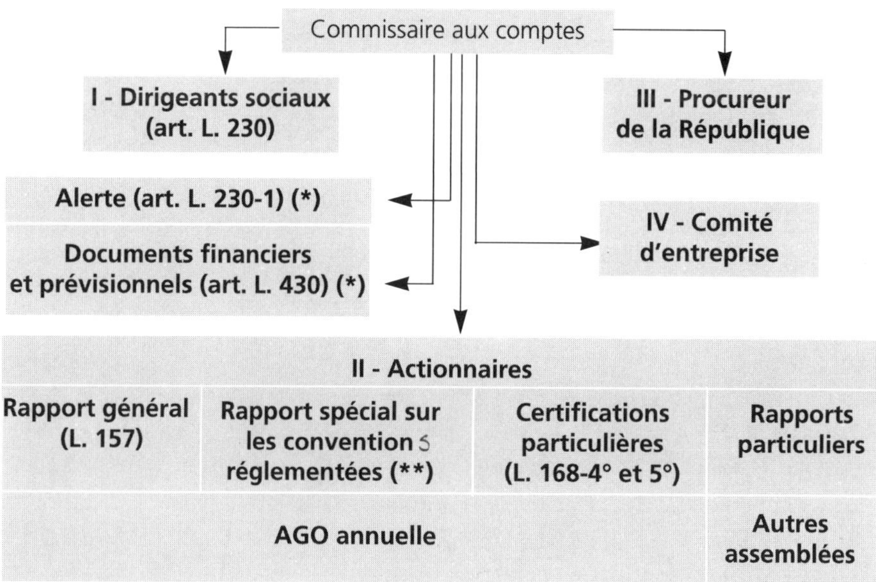

(*) Voir § 2 et 3 - (**) Voir chapitre 11.

2 Alerte

La loi du 1er mars 1984, relative à la prévention et au règlement amiable des difficultés des entreprises, comporte plusieurs procédures d'alerte, obligatoires ou facultatives, qui peuvent être déclenchées par diverses parties ou personnes en relation avec l'entreprise (voir du même auteur : *Droit des procédures collectives*, Collection «Mini-manuel de l'expertise comptable», AENGDE, 1997) :

– les commissaires aux comptes ;
– les associés ou actionnaires ;

– le président du tribunal de commerce ;
– les groupements de prévention agréés ;
– le comité d'entreprise et les délégués du personnel.

A. Alerte par les commissaires aux comptes

1) Alerte dans la SA (art. L. 230-1, D. 251-1)

L'alerte comporte quatre phases qui peuvent être illustrées par le diagramme suivant.

Phases	Déroulement	Organes
1e phase	Demande d'explication au président du conseil d'administration ou du directoire sur tout fait de nature à compromettre la continuité de l'exploitation. ↓	Président du CA ou président du directoire ↓
2e phase (a)	Si absence de réponse (délai quinze jours), ou si la réponse n'est pas satisfaisante ↓	
	Le commissaire aux comptes invite le président du conseil d'administration ou le directoire à faire délibérer le conseil d'administration ou le conseil de surveillance sur les faits relevés. Le commissaire aux comptes en informe le président du tribunal de commerce. ↓	CA ou CS ↓
3e phase (b)	Si la procédure n'est pas respectée, ou si en dépit des décisions prises, la continuité de l'exploitation demeure compromise ↓	
	Rapport spécial du commissaire aux comptes présenté à la prochaine assemblée générale des actionnaires ↓	Assemblée ↓
4e phase (b)	Si les décisions prises par l'assemblée ne permettent pas d'assurer la continuité de l'exploitation ↓	
	Le commissaire aux comptes informe de ses démarches le président du tribunal de commerce et lui en communique les résultats.	

(a) Délais impartis et information du comité d'entreprise, des commissaires aux comptes, du président du tribunal de commerce

Délais impartis. L'invitation du commissaire aux comptes à faire délibérer le conseil d'administration ou le conseil de surveillance est formulée par lettre recommandée avec accusé de réception dans les huit jours qui suivent la réponse du président du conseil d'administration ou du directoire (ou la constatation de l'absence de réponse dans les délais). Le président du conseil d'administration ou le directoire doit alors convoquer, dans les huit jours qui suivent la réception de la lettre du commissaire aux comptes, le conseil d'administration ou le conseil de surveillance sur les faits relevés, en vue de le faire délibérer dans les quinze jours qui suivent la réception de cette lettre (décret du 23 mars 1967, art. 251-1, al. 3).

Information du comité d'entreprise, du commissaire aux comptes, du président du tribunal de commerce. Un extrait du procès-verbal des délibérations est adressé à la fois au commissaire aux comptes et au comité d'entreprise dans les huit jours qui suivent la réunion du conseil. Le commissaire aux comptes informe sans délai le président du tribunal de commerce du déroulement de cette procédure par lettre remise en main propre contre récépissé au président ou à son délégataire ou par lettre recommandée avec accusé de réception (décret du 23 mars 1967, art. 251-1, al. 4).

(b) Information du comité d'entreprise, du président du tribunal de commerce

Comité d'entreprise. Le rapport du commissaire aux comptes est transmis au président du conseil d'administration ou au directoire dans les quinze jours qui suivent la réception de la délibération du conseil, par lettre recommandée avec accusé de réception. Le rapport du commissaire aux comptes est communiqué par le président du conseil d'administration ou du directoire au comité d'entreprise dans les quinze jours qui suivent la réception de ce rapport (décret du 23 mars 1967, art. 251-1).

Président du tribunal de commerce. Si, à l'issue de la réunion de l'assemblée générale, le commissaire aux comptes constate que les décisions prises ne permettent pas d'assurer la continuité de l'exploitation, il en informe sans délai, par lettre recommandée avec accusé de réception, le président du tribunal de commerce. Cette information comporte la copie de tous les documents utiles ainsi qu'un exposé des raisons qui ont conduit le commissaire aux comptes à constater l'insuffisance des décisions prises (décret du 23 mars 1967, art. 251-1, al. 6).

2) Alerte dans les autres sociétés commerciales (art. L. 230-2, D. 251-2)

L'alerte comporte trois phases qui peuvent être illustrées par le diagramme suivant.

Phases	Déroulement	Organes
1e phase (a)	Demande d'explication au gérant sur tout fait de nature à compromettre la continuité de l'exploitation. Le gérant doit répondre dans le délai de quinze jours. Le commissaire aux comptes informe le président du tribunal de commerce.	Gérant ↓
2e phase (b)	↓ En cas d'inobservation des dispositions qui précèdent ou, si en dépit des décisions prises, la continuité de l'exploitation demeure compromise ↓	
	Rapport spécial du commissaire aux comptes. Il invite par écrit le gérant à faire délibérer la prochaine assemblée générale sur les faits relevés.	Gérant Assemblée ↓
3e phase (b)	↓ Si les décisions prises par l'assemblée ne permettent pas d'assurer la continuité de l'exploitation ↓	
	Le commissaire aux comptes informe de ses démarches le président du tribunal de commerce et lui en communique les résultats.	

(a) Information du président du commerce et du comité d'entreprise

Président du tribunal de commerce. Le commissaire aux comptes informe immédiatement le président du tribunal de commerce de l'existence de la procédure d'alerte (soit par lettre remise contre récépissé soit par lettre recommandée avec accusé de réception, art. D. 251-2).

Comité d'entreprise. Le gérant est tenu d'adresser une copie de sa réponse au comité d'entreprise par lettre recommandée avec accusé de réception dans les quinze jours de la demande d'explication du commissaire aux comptes.

(b) Délais impartis et information du comité d'entreprise et du président du tribunal de commerce

Comité d'entreprise. La demande du commissaire aux comptes est formulée par lettre recommandée avec accusé de réception dans les quinze jours qui suivent la réception de la réponse du gérant. La demande du commissaire aux comptes et son rapport doivent être communiqués par le gérant au comité d'entreprise dans les quinze jours qui suivent la réception de cette demande (art. D. 251-2).

Président du tribunal de commerce. Si à l'issue de la réunion de l'assemblée générale, le commissaire aux comptes constate que les décisions prises ne permettent pas d'assurer la continuité de l'exploitation, il en informe immédiatement le président du tribunal de commerce par lettre recommandée avec accusé de réception. Ce courrier comporte la copie de tous les documents utiles à l'information du président du tribunal ainsi qu'un exposé des raisons qui ont conduit le commissaire aux comptes à constater l'insuffisance des décisions prises (art. D. 251-2).

B. Autres formes d'alerte

1) Alerte par les associés minoritaires

a) SARL (art. L. 64-1 et D. 44-3)

Tout associé non-gérant peut, deux fois par exercice, poser par écrit des questions au gérant sur tout fait de nature à compromettre la continuité de l'exploitation.

Le gérant répond par écrit dans le délai d'un mois aux questions qui lui sont ainsi posées. Dans le même délai, il transmet copie de la question et de sa réponse au commissaire aux comptes.

b) SA (art. L. 226-1 et D. 195-1)

Un ou plusieurs actionnaires représentant au moins le dixième du capital peuvent, deux fois par exercice, poser par écrit des questions au président du conseil d'administration ou au directoire sur tout fait de nature à compromettre la continuité de l'exploitation.

Le président du conseil d'administration ou le directoire répond dans le délai d'un mois aux questions qui lui sont ainsi posées. Dans le même délai, il adresse copie de la question et de sa réponse au commissaire aux comptes.

- **Observation**

Des dispositions particulières existent pour les associations d'actionnaires dans les sociétés cotées (voir chapitre 13).

2) Alerte par le président du tribunal de commerce

(art. 34, loi du 1er mars 1984 modifié par la loi du 10 juin 1994)

Lorsqu'il résulte de tout acte, document ou procédure qu'une société commerciale, un groupement d'intérêt économique ou une entreprise individuelle, commerciale ou artisanale connaît des difficultés de nature à compromettre la continuité de l'exploitation, ses dirigeants peuvent être convoqués par le président du tribunal de commerce pour que soient envisagées les mesures propres à redresser la situation.

3) Pouvoirs d'investigation du président du tribunal de commerce

À l'issue de ce premier entretien, le président peut, afin de connaître la réalité de l'entreprise, demander des renseignements :
- aux commissaires aux comptes ;
- aux membres et représentants du personnel ;
- aux administrations publiques ;
- aux organismes de sécurité et de prévoyance sociales ;
- aux services chargés de la centralisation des risques bancaires et des incidents de paiement.

3 Documents financiers prévisionnels

A. Nature des documents, périodicité, délais d'établissement

Nature des documents	Périodicité	Délais d'établissement
• Tableau de financement	Annuelle	Dans les quatre mois qui suivent la clôture de l'exercice en même temps que les comptes annuels.
• Plan de financement prévisionnel	Annuelle	Dans les quatre mois qui suivent l'ouverture de l'exercice en cours.
• Compte de résultat prévisionnel	Annuelle	Dans les quatre mois qui suivent l'ouverture de l'exercice en cours. Le compte de résultat est révisé dans les quatre mois qui suivent l'ouverture du second semestre.
• Situation de l'actif réalisable et disponible valeurs d'exploitation exclues et du passif exigible	Semestrielle	Dans les quatre mois qui suivent la fin du semestre.

Entreprises concernées

Ce sont les sociétés et les GIE qui, à la clôture de l'exercice social, comptent 300 salariés ou plus ou dont le montant net du chiffre d'affaires, à la même époque, est égal ou supérieur à 120 millions de francs.

Les sociétés ainsi concernées cessent d'être tenues d'établir les documents lorsqu'elles ne remplissent aucune de ces conditions pendant deux exercices successifs (art. 244, al. 2).

B. Procédure à suivre

La procédure comporte essentiellement deux phases, la première étant obligatoire.

Diagramme de la phase obligatoire

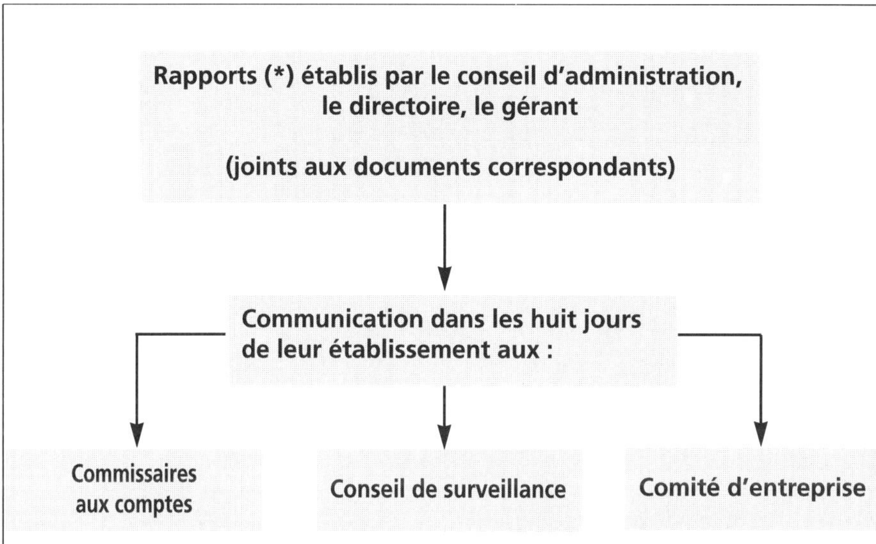

(*) Les rapports du conseil d'administration, du directoire ou du gérant complètent et commentent l'information donnée par ces documents. Ils décrivent les conventions comptables, les méthodes utilisées et les hypothèses retenues et en soulignent la pertinence et la cohérence (art. D. 244-2).

Diagramme de la phase éventuelle

En cas de non-observation des dispositions de l'article L. 340-1 (voir phase obligatoire) ou si les informations données dans les rapports appellent des observations de la part des commissaires aux comptes.

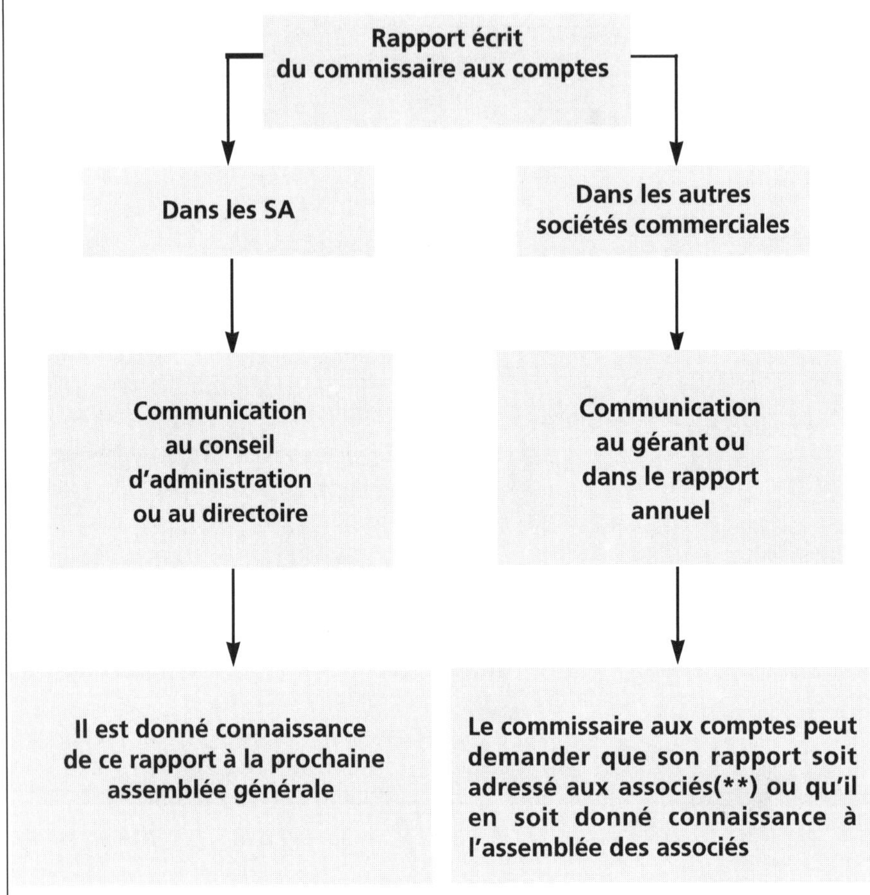

(*) Le rapport écrit dans lequel le commissaire aux comptes formule, le cas échéant, ses observations, doit être adressé dans le mois qui suit l'expiration des délais impartis pour l'établissement des documents visés à l'article L. 340-1 (art. D. 244-5, al. 1).

(**) Lorsque le commissaire aux comptes demande que son rapport soit communiqué aux associés, les gérants procèdent à cette communication dans le délai de huit jours à compter de la réception du rapport (art. D. 244-5, al. 2).

Chapitre 27
Thèmes divers

1 Rapport de gestion

A. Mentions générales (art. L. 340)

Sur un plan général, le rapport de gestion expose :
- la situation de la société durant l'exercice écoulé ;
- son évolution prévisible et les perspectives d'avenir ;
- les événements importants survenus entre la date de clôture de l'exercice et la date à laquelle il est établi ;
- ses activités en matière de recherche et développement.

B. Mentions particulières

Dans certains cas, ces indications particulières doivent être portées dans le rapport de gestion. Certaines indications sont communes à toutes les sociétés, d'autres sont spécifiques aux sociétés par actions.

1) Indications applicables à toutes les sociétés

- Les modifications apportées au mode de présentation des comptes annuels ou aux méthodes d'évaluation suivies les années précédentes (art. L. 341).
- L'activité des filiales de la société et des sociétés contrôlées par elle (art. L. 356, L. 481)(*)
- Les prises de contrôle ou les prises de participation significatives(**) dans des sociétés ayant leur siège social en France (art. L. 356, L. 481).

(*) Filiales, sociétés contrôlées

• ***Filiales*** (art. L. 354) - Lorsqu'une société possède plus de la moitié du capital d'une autre société, la seconde est considérée comme filiale de la première.

• ***Sociétés contrôlées*** (art. L. 355-1)

Une société est considérée comme en contrôlant une autre :
- lorsqu'elle détient directement ou indirectement une fraction du capital lui conférant la majorité des droits de vote dans les assemblées générales de cette société ;
- lorsqu'elle dispose seule de la majorité des droits de vote dans cette société en vertu d'un accord conclu avec d'autres associés ou actionnaires et qui n'est pas contraire à l'intérêt de la société ;
- lorsqu'elle détermine en fait, par les droits de vote dont elle dispose, les décisions dans les assemblées générales de cette société.

Elle est présumée exercer ce contrôle lorsqu'elle dispose, directement ou indirectement, d'une fraction des droits de vote supérieure à 40 % et qu'aucun autre associé ou actionnaire ne détient directement ou indirectement une fraction supérieure à la sienne.

(**) Prise de participation représentant plus du vingtième, du dixième, du cinquième, du tiers, de la moitié ou des deux tiers du capital ou des droits de vote aux assemblées spéciales de cette société.

- Les aliénations d'actions intervenues à l'effet de régulariser les participations croisées (art. D. 251).
- Les dividendes versés au titre des trois exercices précédents et l'avoir fiscal correspondant (art. 243 bis du CGI).
- Les dépenses somptuaires et la réintégration de certains frais généraux.

2) Indications spécifiques des sociétés par actions

- Bilan de l'actionnariat salarié (loi du 25 juillet 1994).
- Le nom des sociétés contrôlées et la part du capital de la société qu'elles détiennent (art. L. 356-3).
- L'identité des personnes physiques ou morales détenant directement ou indirectement plus du vingtième, du dixième, du cinquième, du tiers, de la moitié ou des deux tiers du capital social ou des droits de vote aux assemblées générales, également les modifications intervenues au cours de l'exercice (art. L. 356-3). Cette information ne concerne que les sociétés cotées.

• Observation

Dans la société par actions, un tableau des résultats des cinq derniers exercices doit être joint au rapport.

2 Participations réciproques (art. L. 358, L. 359) et autocontrôle des sociétés par actions (art. L. 359-1)

A. Participations réciproques

1) Entre deux sociétés par actions

a) Principe

Une société (A) ne peut posséder d'actions d'une société (B) si (B) détient une fraction du capital de (A) supérieure à 10 %.

b) Régularisation en cas de participations réciproques

– Régularisation par la société qui détient la participation la plus faible

À défaut d'accord entre les sociétés intéressées pour régulariser leur situation, celle qui détient la fraction la plus faible du capital de l'autre doit aliéner son investissement.

– Cas particulier : les participations sont de la même importance

Si les investissements réciproques sont de la même importance, chacune des sociétés doit réduire le sien de telle sorte qu'il n'excède pas 10 % du capital de l'autre (art. L. 358, al. 2).

– Délai pour régulariser

Lorsque une société est tenue d'aliéner les actions d'une autre société, cette aliénation doit être effectuée dans le délai d'un an à compter de la notification qui lui a été faite de la prise de participation dans son capital (art. L. 358, al. 3 et D. 249) et portée à la connaissance des actionnaires par le rapport de gestion ainsi que par celui des commissaires aux comptes (art. D. 251, al. 2).

- **Observation**

Jusqu'à leur aliénation, les actions sont privées du droit de vote (art. L. 358, al. 3).

2) Entre une société par actions et une autre société

L'article L. 359 envisage deux hypothèses :

a) • *1er cas* : la société par actions (A) détient plus de 10 % du capital de l'autre société (B).

En ce cas, la société (B) ne peut posséder aucune action de la société (A) (art. L. 359, al. 1). Si elle vient à en posséder :

- elle doit les aliéner dans le délai d'un an à compter de la date à laquelle ces actions sont entrées dans son patrimoine (art L. 359, al. 2 et D. 250) ;
- elle ne peut, de leur chef, exercer le droit de vote aux assemblées d'actionnaires (art. L. 359, al. 2).

b) • *2e cas* : la société par actions (A) détient une fraction égale ou inférieure à 10 % du capital de l'autre société (B).

En ce cas, la société (B) ne peut posséder une fraction supérieure à 10 % des actions émises par la société (A) (art. L. 359, al. 3). Si elle vient à posséder une fraction plus importante :

- elle doit aliéner l'excédent dans le délai d'un an à compter de la date à laquelle ces actions sont entrées dans son patrimoine (art L. 359, al. 3 et D. 250) ;
- elle ne peut, du chef de cet excédent, exercer le droit de vote (art. L. 359, al. 4).

Les aliénations d'actions intervenues en application des dispositions qui précèdent doivent être portées à la connaissance des associés par le rapport du conseil d'administration, du directoire ou des gérants et, éventuellement, celui du commissaire aux comptes (art. D. 251, al. 2).

B. Autocontrôle des sociétés par actions

1) Définition

L'autocontrôle est le moyen, pour une société, d'assurer son propre contrôle (voir la définition du contrôle ci-dessus, § I) par l'intermédiaire d'une ou plusieurs autres sociétés dont elle détient directement ou indirectement, en droit ou en fait, le contrôle.

- *Exemple*

La société X contrôle la société A et indirectement par le biais de la société A, elle contrôle les sociétés B et C. Les actions possédées par les sociétés B et C dans le capital de la société X (au cas évoqué 20 % et 10 %) sont dites.

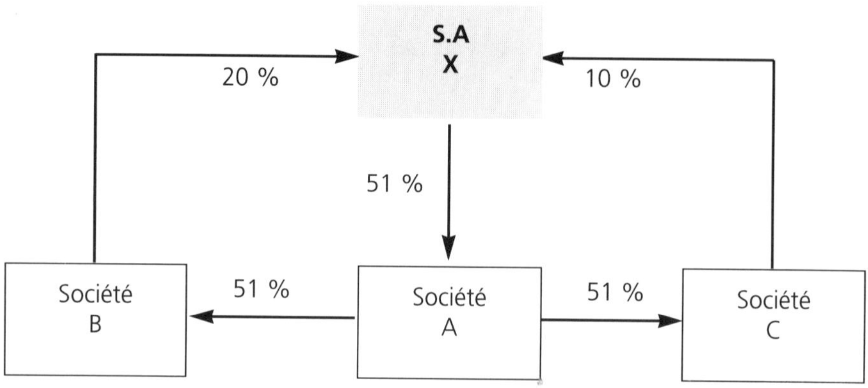

2) Privation des droits de vote aux actions d'autocontrôle

À compter du 1er juillet 1991, lesdites actions sont privées du droit de vote (avant cette date, les droits de vote étaient limités à 10% des voix dont disposaient les actionnaires présents ou représentés).

Art. L. 359-1 (loi du 2 août 1989) :

« *Lorsque des actions ou des droits de vote d'une société sont possédés par une ou plusieurs sociétés dont elle détient directement ou indirectement le contrôle, les droits de votes rattachés à ces actions ou ces droits de vote ne peuvent être exercés à l'assemblée générale de la société ; il n'en est pas tenu compte pour le calcul du quorum.* »

3 Liquidation : opérations réglementées, opérations interdites

A. Opérations réglementées (art. L. 394, L. 396)

1) Cession totale ou partielle de la société à une certaine personne

Sauf consentement unanime des associés, la cession de tout ou partie de l'actif de la société en liquidation à une personne ayant eu dans cette société la qualité d'associé en nom, de commandité, de gérant, d'administrateur, de directeur général, de membre du directoire, de commissaire aux comptes ou de contrôleur, ne peut avoir lieu qu'avec l'autorisation du tribunal de commerce, le liquidateur et, s'il en existe un, le commissaire aux comptes ou le contrôleur dûment entendus.

2) Cession globale de l'actif de la société ou apport de l'actif, notamment par voie de fusion

La cession globale de l'actif de la société ou l'apport de l'actif à une autre société, notamment par voie de fusion, est autorisée :

- dans les sociétés en nom collectif, à l'unanimité des associés ;
- dans les sociétés en commandite simple, à l'unanimité des commandités et à la majorité en nombre et en capital des commanditaires ;
- dans les sociétés à responsabilité limitée, à la majorité exigée pour la modification des statuts ;

– dans les sociétés par actions, aux conditions de quorum et de majorité prévues pour les assemblées extraordinaires et en outre, dans les sociétés en commandite par actions, avec l'accord unanime des commandités.

B. Opérations interdites

La cession de tout ou partie de l'actif de la société en liquidation au liquidateur ou à ses employés ou à leur conjoint, ascendants ou descendants, est interdite.

- **Observation : incompatibilités concernant la liquidation**

  Dans tous les cas, à peine d'encourir de lourdes peines prévues par l'article 498 de la loi du 24 juillet 1966, ne peuvent être nommés liquidateurs les personnes auxquelles l'exercice des fonctions de dirigeant de société sont interdites ou qui sont déchues du droit d'exercer ces fonctions.

4 Étapes de la fusion entre deux SA

A. Préambule : interventions du commissaire à la fusion et du commissaire aux apports

1) Commissaire à la fusion

Art. 377 - « Un ou plusieurs commissaires à la fusion, désignés par décision de justice, établissent sous leur responsabilité un rapport écrit sur les modalités de la fusion. Ils peuvent obtenir auprès de chaque société communication de tous documents utiles et procéder à toutes vérifications nécessaires. Ils sont soumis à l'égard des sociétés participantes aux incompatibilités prévues à l'article 220.

Les commissaires à la fusion vérifient que les valeurs relatives attribuées aux actions des sociétés participant à l'opération sont pertinentes et que le rapport d'échange est équitable.

Le ou les rapports des commissaires à la fusion sont mis à la disposition des actionnaires.

Ils doivent :

– indiquer si cette ou ces méthodes sont adéquates en l'espèce et mentionner les valeurs auxquelles chacune d'elles conduit, un avis étant donné sur l'importance relative donnée à ces méthodes dans la détermination de la valeur retenue ;

– indiquer en outre les difficultés particulières d'évaluation s'il en existe. »

En fait, le commissaire à la fusion se prononce sur la parité d'échange et il doit apprécier sous sa responsabilité l'évaluation de l'apport de l'associé absorbé (art. L. 377 complété par la loi du 11 février 1994).

- Observation

  Il est possible d'avoir un seul commissaire à la fusion pour les deux sociétés.

2) Commissaire aux apports

La loi du 11 février 1994 a supprimé la désignation du commissaire aux apports dans la société absorbante (désormais, le rôle du commissaire aux apports est dévolu au commissaire à la fusion).

Toutefois, l'intervention du commissaire aux apports a été maintenue dans le régime simplifié (la société absorbante détient 100% de l'absorbée).

B. Étapes de la fusion

Préparation du projet de fusion (L. 374)

Société absorbée	**Société absorbante**
Convocation du CA	Convocation du CA
Délibération du CA : -arrêtant le projet de fusion et - rédaction du projet de rapport (art. L. 374, D. 254, L. 376, D. 256)	Délibération du CA : - arrêtant le projet de fusion et - rédaction du projet de rapport (art. L. 374, D. 254, L. 376, D. 256)
Requête au président du tribunal de commerce aux fins de désignation d'un ou plusieurs commissaires à la fusion (art. L. 377)	Requête au président du tribunal de commerce aux fins de désignation d'un ou plusieurs commissaires à la fusion (art. L. 374)
Communication du projet de traité au(x) commissaire(s) à la fusion	Communication du projet de traité au(x) commissaires à la fusion
Dépôt au greffe du tribunal de commerce du projet de traité. Avis dans un journal d'annonces légales du projet de fusion (art. L. 374)	Dépôt au greffe du tribunal de commerce du projet de traité. Avis dans un journal d'annonces légales du projet de fusion (art. L. 374)
Opposition des créanciers au projet de fusion	Opposition des créanciers au projet de fusion
Dépôt du rapport des commissaires (*)	Dépôt du rapport des commissaires (*)
Avis de convocation à l'AGE dans un journal d'annonces légales	Avis de convocation à l'AGE dans un journal d'annonces légales
Envoi ou mise à disposition des documents d'information (art. D. 258)	Envoi ou mise à disposition des documents d'information (art. D. 258)
Réunion et délibération de l'AGE approuvant le traité du fusion	Réunion et délibération de l'AGE approuvant le traité de fusion

(*) Rapport des commissaires à la fusion : dépôt au siège social au moins un mois avant l'AGE.
Rapport des commissaires aux apports établi par le commissaire à la fusion : dépôt au siège social au moins huit jours avant l'AGE.

Chapitre 28
Autres sociétés

1 Sociétés civiles

A. Objet

Ont le caractère civil toutes les sociétés auxquelles la loi n'attribue pas un autre caractère à raison de leur forme, de leur nature, ou de leur objet.

Cette forme de société se rencontre principalement dans les domaines suivants :
- construction immobilière ;
- agriculture ;
- professions libérales (avocats, notaires, commissaires aux comptes...) (1) ;
  - SCP (société civile professionnelle) (*) ;
  - SCM (société civile de moyen) (**).

B. Responsabilité

Les associés sont indéfiniment responsables du passif social en proportion de leurs apports.

2 Sociétés d'exercice libéral (SEL) à forme commerciale (loi du 31 décembre 1990)

A. Généralités

La loi du 31 décembre 1990 après avoir fusionné les professions d'avocat et de conseil juridique, autorise un nouveau mode d'exercice des professions libérales réglementées.

(*) La SCP a pour objet l'exercice en commun de la profession de ses membres. Seules les personnes physiques peuvent constituer une SCP. À l'égard des tiers les associés sont tenus indéfiniment et solidairement des dettes sociales.

(**) Les personnes physiques ou morales exerçant des professions libérales peuvent constituer entre elles des sociétés civiles ayant pour objet exclusif de faciliter à chacun de leurs membres l'exercice de son action.

Il s'agit de l'exercice en sociétés de forme commerciale soumises cependant à des règles dérogatoires afin de permettre de préserver l'indépendance des professionnels et la déontologie à laquelle ils sont soumis (*).

Le législateur a voulu ainsi développer les possibilités juridiques des groupements offerts aux professions libérales pour leur permettre de se préparer au Marché unique européen du 1er janvier 1993, tout en leur accordant un régime fiscal favorisant leurs investissements.

Ces sociétés sont appelées société d'exercice libéral à responsabilité limitée, société d'exercice libéral à forme anonyme, société d'exercice libéral en commandite par actions.

La société d'exercice libéral (SEL) ne peut être immatriculée au registre du commerce et des sociétés (ce qui attribue la personnalité morale) qu'après l'agrément, la titularisation, l'inscription sur une liste ou le tableau d'un ordre, imposés pour l'exercice de la profession.

B. Objet

La société, a pour objet :

- l'exercice en commun de la profession, nonobstant les textes législatifs ou réglementaires qui en réservent l'exercice à des personnes physiques ou à des SCP (art. 1, al. 2) (ce qui confirme la coexistence avec les autres structures déjà existantes) ;
- ou peut également avoir pour objet l'exercice en commun de plusieurs professions libérales, ce qui constitue une avance vers l'interprofessionnalité (art. 1, al. 3).

Il est précisé que les actes professionnels ne peuvent être accomplis au sein de la société d'exercice libéral que par l'un des membres ayant qualité pour exercer cette profession (art. 1, al. 4).

C. Responsabilité professionnelle

Chaque associé répond sur l'ensemble de son patrimoine des actes professionnels qu'il accomplit, la SEL est alors solidairement responsable avec lui (art. 16). Quant à la responsabilité des dettes sociales, elle est limitée suivant le régime de droit commun applicable à chaque type de société, sauf en ce qui concerne les commandités (art. 13, al. 2).

(*) Des dispositions particulières existent concernant :

- la détention du capital par des professionnels (plus de la moitié du capital social et des droits de vote doit être détenue par des professionnels en exercice) ;
- le régime des cessions de parts sociales ou d'actions ;
- les cessions de parts sociales dans les SELARL : **dans le cas d'une SELARL,** est exigé le consentement des trois quarts des porteurs de parts exerçant la profession au sein de la société (majorité substituée à celle de l'article 45 de la loi du 24 juillet 1966 qui subordonne la cession au consentement de la majorité représentant au moins les trois quarts des parts) (art. 10, al. 1) ;
- les cessions d'actions dans la SELAFA et les SELCA : **dans les SELAFA,** les statuts doivent prévoir l'agrément préalable, soit par les deux tiers des actionnaires exerçant au sein de la société, soit les deux tiers des membres du conseil d'administration ou du conseil de surveillance exerçant au sein de la société (art. 10, al. 2) ; **dans les SELCA,** l'agrément est donné par les commandités à la majorité des deux tiers (art. 10, al. 2).

3 Sociétés créées de fait

Cette société est visée dans l'article 1879 du Code civil. Ce texte n'en donne aucune définition ; il est simplement précisé que la société créée de fait est soumise au même régime que les sociétés en participation.

L'existence d'une telle société suppose que soit établies les caractéristiques du contrat de société (apports, partage des bénéfices et des pertes, ***affectio societatis***) (2).

4 Sociétés en participation

A. Généralités

La société en participation est une société que les associés ont convenu de ne pas immatriculer.

Elle n'a pas la personnalité morale et n'est pas soumise à publicité (art. 1871 du Code civil).

Il existe deux types de société en participation :

- les sociétés en participation non révélées au tiers (elles sont occultes) ;
- les sociétés en participation, dans lesquelles les participants ont qualité d'associé au vu et au su des tiers.

Suivant le type de société, l'étendue de la responsabilité est différente (voir ci-après).

B. Objet

• La société en participation est civile ou commerciale selon la nature de l'objet social. Elle n'est donc commerciale qu'autant qu'elle exerce une activité commerciale.

• À compter du 1er janvier 1992, il peut être constitué une société en participation entre personnes physiques exerçant une profession libérale (loi du 31 décembre 1990).

C. Responsabilité

1) À l'égard des tiers

- ***Lorsque la participation est occulte***, les associés ne sont pas connus des tiers. Ceux-ci ne traitent qu'avec le gérant.

Les tiers ne peuvent donc poursuivre en paiement que :

• le gérant,

• les associés qui ont personnellement contracté avec eux, ou se sont faits connaître d'eux en cette qualité, ou à qui l'opération a profité.

- ***Lorsque la participation est ostensible***, les associés sont tenus à l'égard des tiers :

• indéfiniment sans solidarité et en proportion de leurs apports, si la participation est civile,

• indéfiniment et solidairement si la participation est commerciale.

2) Entre associés

La contribution aux dettes et pertes se règle conformément aux statuts.

NOTES

(1) À compter du 1er janvier 1992, les professions libérales ont la possibilité de constituer des sociétés à forme commerciale : SEL (société d'exercice libéral).

(2) Société entre concubins

L'existence d'une société de fait entre concubins ne peut résulter de la vie commune même prolongée et d'apports en commun, mais doit être constatée par une volonté de s'associer et de participer aux bénéfices et pertes.

Chapitre 29
GIE - GEIE - Associations - Sociétés coopératives

1 Groupement d'intérêt économique (GIE)

A. Objet

Deux ou plusieurs personnes physiques ou morales peuvent constituer entre elles un groupement d'intérêt économique pour une durée déterminée.

Le but du groupement est de faciliter ou de développer l'activité économique de ses membres, d'améliorer ou d'accroître les résultats de cette activité ; il n'est pas de réaliser des bénéfices pour lui-même.

Son activité doit se rattacher à l'activité économique de ses membres et doit avoir un caractère auxiliaire par rapport à celle-ci (*).

B. Responsabilité des membres

Ils sont responsables indéfiniment et solidairement des dettes du GIE.

C. Direction

Elle est assurée par les administrateurs (personnes physiques ou personnes morales).

Le GIE peut être constitué sans capital.

2 Groupement européen d'intérêt économique (GEIE)

A. Objet

Il est défini par l'article 3 du règlement communautaire :

« Le but du GEIE est de faciliter ou de développer l'activité économique de ses membres, d'améliorer ou d'accroître les résultats de cette activité ; il n'est pas

---

(*) La constitution d'un groupement peut être envisagée chaque fois que des entreprises veulent, tout en restant autonomes, créer des services communs, notamment pour diminuer leurs frais généraux. C'est ainsi que les GIE ont été créés pour :
- des études de marché ;
- utiliser des méthodes modernes de gestion ;
- étudier les applications possibles d'une invention ;
- organiser le développement des cartes de crédit mémoire électronique ;
- commercialiser la production complémentaire de deux filiales, dont on entend conserver cependant l'identité propre ;
- rationaliser les transports.

de réaliser des bénéfices pour lui-même. Son activité doit se rattacher à l'activité économique de ses membres et ne peut avoir qu'un caractère auxiliaire par rapport à celle-ci. » (*)

B. Responsabilité

Les membres sont responsables indéfiniment et solidairement des dettes du GEIE. Cette responsabilité se prescrit par cinq ans à compter de la date de la publication du retrait de l'un des membres du GEIE.

C. Direction

Elle est assurée par un ou plusieurs gérants (**).

Le GEIE peut être constitué sans capital.

3 Associations

A. Objet

L'association est la convention par laquelle deux ou plusieurs personnes mettent en commun d'une façon permanente, leurs connaissances ou leurs activités dans un but autre que de partager des bénéfices (article 1er, loi 1901).

Il existe deux types essentiels d'association :

- l'association déclarée : elle a une capacité juridique plus faible que l'association reconnue d'utilité publique ;
- l'association reconnue d'utilité publique : elle a la pleine capacité juridique. La demande de reconnaissance est adressée au ministre de l'intérieur qui apprécie en fonction de l'intérêt du projet.

(*) Pour la première fois, les institutions communautaires offrent aux opérateurs économiques des États membres la possibilité de choisir une forme juridique de droit communautaire qui sera en rapport avec les dimensions du Marché Unique. Malgré la grande souplesse du dispositif, les entreprises doivent tenir compte des caractéristiques générales suivantes :

- le GEIE est un instrument de coopération ;
- il doit faciliter ou développer l'activité de ses membres, améliorer ou accroître les résultats de ladite activité ;
- l'activité du GEIE doit se rattacher à celle de ses membres et non s'y substituer ;
- l'activité du GEIE ne peut avoir qu'un caractère auxiliaire par rapport à celle de ses membres. Le GEIE n'est pas un moyen d'intégration et n'a pas été conçu pour des alliances purement financières ;
- l'objet primitif du GEIE n'est pas de réaliser des bénéfices pour lui-même, mais s'il en réalise, ils sont considérés comme bénéfices des membres répartis ;
- le GEIE ne peut exercer un pouvoir de direction ou de contrôle sur les activités propres de ses membres ni détenir une participation dans une entreprise membre ;
- au moins deux membres dans des pays différents de la Communauté. Pas de limitation dans le nombre de membres.

(**) La gérance

Une personne morale peut être désignée comme gérant à condition de désigner un représentant permanent. Le régime de responsabilité des gérants est calqué sur celui des dirigeants de SA. Il peut y avoir plusieurs gérants. À l'égard des tiers, seule la gérance représente le GEIE. Les conditions de nomination et de révocation ainsi que les pouvoirs des gérants sont fixés par contrat ou, à défaut, par une décision unanime des membres. Le gérant n'est pas obligatoirement membre du groupement.

B. Responsabilité des membres

Ils ne sont tenus que dans la limite de leurs cotisations.

C. Direction

- Le conseil d'administration.
- Le bureau (un président, un secrétaire, un trésorier).

Les administrateurs, les membres du bureau, peuvent engager leur responsabilité civile pénale.

Les associations peuvent, sous certaines conditions, émettre des valeurs mobilières, notamment le titre associatif.

4 Sociétés coopératives

A. Objet

Le Bureau International du Travail en a donné la définition suivante :

« Une association de personnes qui se sont volontairement groupées pour atteindre un but commun par la constitution d'une entreprise dirigée démocratiquement, en fournissant une quote-part du capital nécessaire et en acceptant une juste participation aux risques et aux fruits de cette entreprise au fonctionnement de laquelle les membres participent activement. »

La loi n° 47-1775 du 10 septembre 1947 modifiée, qui porte en France statut de la coopération, a défini les coopératives comme des sociétés qui exercent leur action dans toutes les branches de l'activité humaine (article 1).

Ce texte de portée générale transforme les principes coopératifs en règles de droit qui se substituent à certaines règles du droit commun des sociétés auxquelles les coopératives empruntent cependant leurs formes juridiques (SA, SARL, société civile) selon l'adage : ***specialia generalibus dérogeant.*** (*)

B. Principes essentiels

Les coopératives obéissent à des principes communs énoncés par la loi du 10 septembre 1947, même s'ils font l'objet de nuances quand ils sont repris par certaines lois particulières (**).

1) Principe de gestion démocratique, égalité des personnes

Une personne, une voix (article 4 et 9, loi du 10 septembre 1974). Quelle que soit l'importance du capital souscrit, elle se substitue toujours au vote selon le nombre de parts ou d'actions, car pour les coopérateurs le capital ne représente qu'un droit d'usage et une participation au financement de l'outil commun.

(*) La loi du 13 juillet 1992 relative à la modernisation des entreprises coopératives a modifié la loi du 10 septembre 1947.

(**) Les sociétés coopératives existent dans plusieurs secteurs d'activités : sociétés coopératives ouvrières de production ; sociétés coopératives de commerçants ; sociétés coopératives et d'intérêt collectif agricoles ; sociétés coopératives artisanales ; sociétés coopératives de crédit ; sociétés coopératives d'habitations...

2) Principe de l'exclusivisme de la double qualité d'usage et d'associé

Les coopératives ne peuvent admettre les tiers non-associés à bénéficier de leurs services, à moins que les lois particulières qui les régissent ne les y autorisent (limitation à 20 % pour les coopératives agricoles, maritimes, artisanales, de transport). Chaque coopérateur est en même temps un associé et l'utilisateur des produits ou services de la coopérative.

3) Principe de cooptation et de liberté de retraite dite de « porte ouverte »

« *Les statuts fixent les conditions d'adhésion, de retrait et d'exclusion des associés, l'étendue et les modalités de la responsabilité qui incombe à chacun d'eux dans les engagements de la coopérative* » (article 7, loi du 10 septembre 1947).

« *La cession des parts est soumise à l'approbation soit de l'assemblée générale, soit des administrateurs ou gérants dans les conditions fixées par les statuts* » (article 11, loi du 10 septembre 1947).

Les coopératives sont donc aussi des sociétés de personnes même si la plupart empruntent des formes de sociétés de capitaux.

4) Divers - Autres principes

- Limitation de l'intérêt du capital.
- Répartition des résultats au *prorata* de l'engagement d'activité constaté dans l'exercice pour chaque associé.
- Constitution de réserves impartageables ou compte disponible.
- Fédéralisme vu la constitution d'unions de coopératives.

Index

Flashage, impression et façonnage par

IMPRIMERIE FRANCE QUERCY CAHORS

N° d'impression : 70293 D
Dépôt légal : février 1997